"十四五"职业教育国家规划教材

会计事务代理

主　编　方　敏　徐　洁

副主编　宇亚南

参　编　王宗砚

北京理工大学出版社
BEIJING INSTITUTE OF TECHNOLOGY PRESS

版权专有　侵权必究

图书在版编目（CIP）数据

会计事务代理 / 方敏，徐洁主编 . -- 北京：北京理工大学出版社，2021.11（2024.12重印）
ISBN 978 – 7 – 5763 – 0719 – 1

Ⅰ. ①会… Ⅱ. ①方… ②徐… Ⅲ. ①会计 – 代理业务 – 中等专业学校 – 教材 Ⅳ. ① F23

中国版本图书馆 CIP 数据核字（2021）第 243409 号

责任编辑：王晓莉		文案编辑：杜　枝	
责任校对：刘亚男		责任印制：边心超	

出版发行 / 北京理工大学出版社有限责任公司
社　　址 / 北京市丰台区四合庄路6号
邮　　编 / 100070
电　　话 /（010）68914026（教材售后服务热线）
　　　　　（010）63726648（课件资源服务热线）
网　　址 / http://www.bitpress.com.cn

版 印 次 / 2024年12月第1版第3次印刷
印　　刷 / 定州市新华印刷有限公司
开　　本 / 787mm×1092mm　1/16
印　　张 / 14
字　　数 / 317千字
定　　价 / 39.00元

图书出现印装质量问题，请拨打售后服务热线，负责调换

前言
PREFACE

随着大智移云时代的到来，商业模式和会计工作模式发生了十分显著的变化，会计工作将由传统的手工、信息化模式逐步成为共享、外包的新形态。面对机遇与挑战并存的新时代，更多资本开始关注海量的数据和基础信息的获取成本，这也为会计事务代理行业创造了新的春天。

本教材本着服务教育教学，引领实务操作的初衷，力求为求学者从理论联系实际的角度掌握最贴近实际情况的范本实例，为实际工作者提供基本思路和方法，根据实际情况的变化做出及时的调整，尽可能提高办事效率，主要内容及特色如下。

一、坚持立德树人，探索素质育人新模式

党的二十大报告明确指出："推动战略性新兴产业融合集群发展，构建新一代信息技术、人工智能、生物技术、新能源、新材料、高端装备、绿色环保等一批新的增长引擎。"教材通过"案例导入""知识链接"等特色栏目的开设，将会计职业道德、社会主义核心价值观及创新、专注、精益求精的工匠精神有机融入到教学内容中，既符合教材内容的需要，又在任务驱动的过程中融入做人做事的准则和启示，引导学生学中做、做中学，真正实现润物于无声的效果。

二、对接行业标准，构建实践教学新范式

教材内容全面清晰，账证表单设计科学，紧密对接代理记账行业实际工作内容规范，概括梳理了基本的业务内容和相应的操作流程及注意事项，结构简单、脉络清晰，适合初学者和从事实际工作者作为操作指南和理论学习之用。

本书主体内容以从公司开立到成长成熟为背景，结合企业经营实际，介绍了工商登

记（包括设立登记、变更及注销）、税务登记（包括设立登记、变更、注销、增值税一般纳税人认定等）、代理建账建制、代理纳税申报等主要内容；附加工作手册内容链接山西省代理记账行业服务规范与标准，构建了包含代理记账行业外勤服务、小企业代账服务及代理报税服务规范内容的实践操作范式，整个编写过程得到了山西省代理记账协会及成员企业的大力支持，产教深度融合，行、校、企紧密合作，不仅适合学校教学和实际工作参考使用，还能有效对接"双创教育"需求，将专业内容以培训的形式进行推广应用，是教育与培训有机融合的探索实践教材。

三、注重成果转化，提升产教学研用水平

本教材是由编写团队主持完成的"会计专业专创融合与线上线下混合式教学应用研究"课题成果转化而来，并经过校企专家共同编写、审定，结合会计工厂、专创融合工作室的应用检验，符合教学规律且应用性极强。本书着力在应用，与之相关联的课程主要是会计基础、企业会计实务和税费核算与智能申报。

本书主体内容共十二个项目，包括：项目一《会计事务代理概述》；项目二《代办企业工商登记》；项目三《代办企业税务登记》；项目四《代理纳税事项税务登记》；项目五《代理发票申领和使用》；项目六《代理建账建制》；项目七《纳税申报代理》；项目八《社保代理》；项目九《代理纳税审查》；项目十《代理税务行政复议》；项目十一《现代税务咨询——税收筹划》；项目十二《财务共享新趋势》及附加工作手册内容。

其中，项目一、二、三、四、五及项目十二由徐洁老师执笔；项目六、七、八、九、十、十一由字亚南老师执笔；整体统稿及调研工作由方敏老师完成；山西省代理记账协会会长李艳主要编写产教融合型工作手册三大项目模块；王宗砚作为企业导师参与纳税筹划及财务共享等有关案例的编写。

由于本书调研范围受限，篇幅有限，业务不能做到全覆盖，仅将较为典型的业务进行摘取讲解，因此，书中难免存在不足，敬请广大读者批评指正！

编　者

目录 CONTENTS

项目一　会计事务代理概述········1
　任务一　认知会计事务代理········3
　任务二　会计事务代理的产生与发展········7
　任务三　会计事务代理的业务范围········9
　任务四　会计事务代理的义务和法律责任········10

项目二　代办企业工商登记········13
　任务一　新办企业工商登记········15
　任务二　企业工商登记变更········27
　任务三　企业工商注销········35

项目三　代办企业税务登记········44
　任务一　设立税务登记········46
　任务二　变更税务登记········54
　任务三　停业、复业及注销税务登记········58

项目四　代理纳税事项税务登记········65
　任务一　增值税一般纳税人资格认定登记········67
　任务二　代理税种认定登记········71

项目五　代理发票申领和使用········74
　任务一　代理发票领购实务········76
　任务二　发票填开的要求及操作要点········84
　任务三　代理发票审查实务········88

项目六　代理建账建制········95
　任务一　代理建账建制适用范围与基本要求········96

任务二　代理建账建制的基本内容与操作规范 ································ 98
　　任务三　代理建账建制的云账务处理 ·· 112

项目七　纳税申报代理 ·· 118
　　任务一　纳税申报代理概述 ·· 119
　　任务二　增值税纳税申报代理 ·· 121

项目八　社保代理 ·· 133
　　任务一　社会保险的认知 ·· 134
　　任务二　社保缴费的计算与缴纳 ·· 137
　　任务三　社会保险代理 ·· 140
　　任务四　社会保险代理范围及流程 ·· 142

项目九　代理纳税审查 ·· 146
　　任务一　纳税审查的基本方法 ·· 147
　　任务二　纳税审查的基本内容 ·· 149
　　任务三　账务调整的基本方法 ·· 157

项目十　代理税务行政复议 ·· 161
　　任务一　税务行政复议的有关规定 ·· 163
　　任务二　税务行政复议代理流程 ·· 167

项目十一　现代税务咨询——税收筹划 ·· 177
　　任务一　税收筹划的相关认知 ·· 178
　　任务二　税收筹划的流程 ·· 183
　　任务三　税收筹划案例分析 ·· 184

项目十二　财务共享新趋势 ·· 187

参考文献 ··· 192

附录一　代理记账从业人员规范 ·· 193

附录二　代理记账行业基本规范 ·· 204

附录三　代理记账行业业务规范 ·· 208

项目一

会计事务代理概述

知识目标

○ 了解会计事务代理的含义
○ 了解我国会计事务代理行业的产生和发展历程
○ 了解会计事务代理的范围和规则
○ 了解会计事务代理的法律关系和法律责任

技能目标

◇ 能根据公司自身实际需要,判断会计事务代理的范围,即什么时候需要会计事务代理,会计事务代理有何优点
◇ 在熟悉代理业务内容的基础上能够进行创业或择业
◇ 能够牢记会计事务代理行业的规则及业务操作规范,保持职业谨慎

素质目标

1. 树立依法办事理念,做到有法可依、有法必依;
2. 筑牢经营安全意识,培养诚实守信、正直、保密等良好职业操守。

思维导图

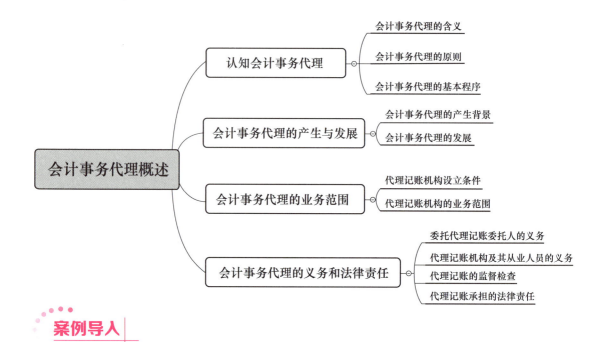

案例导入

公司注销需谨慎，风险管控觉悟高

M模具有限公司因行业变化，加上老板也有其他产业，所以决定不再经营了。公司老板就跟韩会计说，注销这家公司吧，公司太多麻烦！

韩会计心想：大家都说注销难，我可是熟门熟路了，之前办了几家有经验，应该是很顺利的啦！于是，将注销资料交给税局一看，资产负债表中的存货项目，还有原材料、库存商品830多万元。税务专管员没出声，说，你这资料还有点不齐，过几天齐了一起带来吧！

过了几天，突然税务稽查来了几个人，说要看看存货在哪里。当时韩会计就慌了，哪还有什么存货，那个数字就是挂的空账！这下没法交差了，只好说，是之前历史的账的问题是挂账，实际上存货没有了，我入职时就这样了呀，不清楚！

税务稽查人员都是身经百战的，肯定不会这样被糊弄过去的，

亲自跑到库房一看究竟，确实没存货了。但发现库房里面有一张旧办公桌，税局稽查过去将办公桌抽屉拉开一看，出大事了！！！

前五年的仓库出入库账全在那，还是手工的，上面粘满了灰尘！

韩会计差点立即晕倒！！！这可是五年内的公司最真实的实物账呀！税局稽查带着那迷人的笑容，呵呵，你懂的。

结果咋样？老板、韩会计通过各方努力沟通，最终的结果是：

830万元进项转出，还按原17%的税率补缴增值税！！还有相应的附加税！！！

外加滞纳金一起，交了220万元！！外加罚款160万元！合计380万！！！！！

其他的事，就不说了！说起来都是泪啊！

老板哭了，可怜的韩会计那肯定是工作不保了，直接闪人了……

上个月的工资都没要……

案例反思：网上流传广泛的这则案例，真实性当然有待进一步考证，我们秉持批判扬弃的态度来重新审视这则案例，其实还是很值得思考的。

企业注销中由于会清查企业的资产、负债情况，业界普遍都认为注销难，难于上青天，但归根结底是日常核算与管理的疏漏。其实术业有专攻，如果案例中的公司在平时的经营管理中就通过咨询专业的服务机构，注销时适当寻求代理机构，虽然可能需要稍高的代理费用，但是自身就不需要承担那么多的补税、罚款损失了。毕竟在这个社会分工越来细的时代，专业的代理公司，做这些业务更是轻车熟路，而且明白其中的风险点，会及时有效地采取应对措施。这也是我们为什么要学习和了解会计事务代理行业、企业、及具体业务的原因所在。

任务一　认知会计事务代理

一、会计事务代理的含义

（一）会计事务的内容

事务，就是要做的事情。会计事务，顾名思义，即会计人员要做的事情。"一入宫门深似海"，基础会计、财务会计，如今还要转型管理会计，那么，现实工作中的会计从业人员究竟需要做哪些事情呢？就让我们来一起说一说"会计那些事儿"吧。

也许学习会计并不是自己的意愿，或者压根不知道会计要干什么；也许在亲朋好友的建议下，说会计好找工作，哪儿都需要会计，于是踏上了会计这条变无止境的道路；也许时常听到大家谈论着会计做账记账还可以管钱，倍儿有面子；也许听到会计界专家高谈阔论，看起来十分帅气，自己也想成为那样的人……

无论你为什么学会计，走上会计工作岗位的人会告诉你一个真理就是：会计工作非常琐碎与繁复。的确，如果你是一个企业的会计从业人员，你需要做的可不仅仅是记账、管钱等财务工作，还有很多需要各方协调的事务，比如去工商局（现在叫"市场监督管理局"，后不赘述）办理企业注册登记、变更及注销的相关事宜，与税务局周旋法律范围内的税款缴纳、发票领购和使用、税务清缴等工作。当然，还有重要的合作单位——银行，肯定免不了要多去走动走动，也会偶尔去社保中心、住房公积金管理中心串个门儿，去政

务服务大厅露个脸儿……

总之，会计需要做的事情很多，会计事务很繁杂，事情多了难免会出错或者效率低下，为了提高办事效率，便逐步发展出了会计事务代理企业，慢慢就形成了具有规模的行业。

（二）代理的含义

代理行为，最初并不是产生于会计行业的。人作为社会性的动物，基本的社交需求就会催生代理行为，想一想，你是不是在上课时会帮同学占个好座位呢？这其实是最朴素的代理行为，无偿，但是最见情义。

而这里所说的代理，是指在法律范畴当中的意义。《辞海》对代理的解释是："以他人名义，在授权范围内进行直接对被代理人发生法律效力的法律行为。"《中华人民共和国民法通则》第六十三条规定："公民、法人可以通过代理人实施民事法律行为。代理人在代理权限内，以被代理人的名义实施民事法律行为。被代理人对代理人的代理行为承担民事责任。"这么说，可能有些晦涩，下面简单梳理一下代理的基本特点：

首先，必须是直接代理，也就是代理人必须以被代理人的名义进行活动。由于代理人是基于被代理人的委托授权或依照法律规定，代替被代理人参加民事活动，因而活动产生的全部法律效果，直接由被代理人承受。就好比乔家大院的东家乔致庸，委托大掌柜马旬管理复字号产业，那么马旬代为管理的企业，盈亏都由乔致庸承担，当然马旬很厉害，复字号在他的打理下如日中天，这就是乔致庸知人善任的独到之处。

其次，代理人必须在被代理人的授权范围内、法律规定或指定的权限范围内进行民事活动，不得变更或超越代理权限进行代理。否则，事后如果被代理人不予承认，则代理人所进行的活动无效，被代理人对此不承担责任，由此造成的损失由代理人自己承担。简单理解，就是妈妈给你钱让你作为代理人去超市买醋，那你只能按照妈妈的意思去买醋，买回了酱油或者多买了一块儿糖，这个损失都是由你来承担的，当然，如果妈妈说糖是代理费，那就另当别论了。

再次，代理人是以被代理人的名义与第三人进行有法律意义的活动。这包含两层意思：一是代理人所进行的活动必须是法律活动，必须能产生法律上的权利与义务关系，产生法律后果。如果不产生法律后果，虽然在形式上是受人委托进行某项活动，但不是民法上规定的代理。就像请他人代拟合同、询价等，只是委托事务，这些事务属于事实行为，不是民事法律行为，因而不产生代理关系。二是代理人要通过被代理人与第三人发生法律关系，意思就是代理关系中涉及的主体应该有三方面，而不仅仅包含代理人和被代理人。如代人保管物品不会与第三人发生法律关系，就不是代理行为。

> **温馨提示**
>
> ── 会计事务代理人是以被代理人的名义进行的，因此，会计事务代理的法律后果直接归属于被代理人。

最后，代理行为的法律后果直接归属于被代理人承担。就像之前说的乔致庸，马旬经营管理的企业日进斗金当然高兴，如果马旬经营不善导致企业面临倒闭，这样的后果也由乔致庸承担。当然，如果马旬没有按照乔致庸的委托意思办（即代理人所进行的民事行为是无效的），如在货真价实的胡麻油里掺进杂质以次充好卖给了其他商铺，那么请求人民法院撤销的权利也属于乔致庸这个被代理人。

（三）会计事务代理的含义和特点

1. 会计事务代理的含义

会计事务代理，是法律服务的一部分，是一种法律行为，要受法律的约束。会计事务代理是会计事务代理人在国家法律规定的代理范围内，接受被代理人的委托，代为办理会计事务的各项行为的总称。它是商品经济发展的必然产物，是以知识的商品化为前提，以被代理人的需要为原动力，通过委托人、代理人、会计事务等要素的组合所形成的一种法律行为，是一种社会性的中介行为。

2. 会计事务代理的特点

（1）主体资格的特定性。在会计事务代理法律关系中，代理行为发生的主体资格是特定的，作为代理人必须是经批准具有会计事务代理执业资格的机构。《中华人民共和国会计法》和《代理记账管理办法》中都明确规定，不具备设置会计机构或会计人员条件的单位应当委托代理记账机构办理会计业务，也可以从中总结出，在会计事务代理这种法律关系中，代理人的主体包括但不限于以下三种：

一是会计师事务所，基于会计师事务所的成熟业务和相对全面的监管体制，会计师事务所当仁不让，对于会计事务代理业务的开展更是驾轻就熟，《代理记账管理办法》中也规定，会计师事务所是具有代理记账和代办其他会计事务的资质的。

二是代理记账机构，应当经所在地的县级以上人民政府财政部门批准，并领取财政部统一印制的"身份证"——代理记账许可证书，并在获得准入后，机构及机构人员应当持续符合相关的条件，并主动接受财政部门的监督检查，不符合条件时，原审批机构可以撤回行政许可。代理记账机构业务内容涵盖企业从成立到注销的整个生命历程，许多代账机构都提供"一条龙"服务，是会计事务代理十分重要的主力军，代理记账机构也是本书主要介绍的会计代理服务主体。

三是税务师事务所及注册税务师，主要进行税务代理，包括但不限于税务登记、变更税务登记、停业复业税务登记、注销税务登记、一般纳税人资格认定、发票领购与审查、建账建制、纳税申报、纳税筹划等业务，也是最早涉足会计事务代理业务的主体。

此外，还有许多其他经有关部门审批的具有代办企业注册、工商税务登记、资质申请、许可证办理、公司注销、纳税服务等会计事务的机构，也是会计事务代理主体的组成部分。

在会计事务代理这种法律关系中，作为被代理人或者委托人主体，一些大中型企业，根据自身需求来进行财务和业务的外包，为提高工作效率，或者出于成本效益的考虑，由代理机构代为办理，省事省力还省钱；也有小微型企业及个体工商户，局限于自身核算条件，也会寻求代理机构的相关代理服务，正是这些源源不断的动力，促进了会计事务代理行业的蓬勃发展，也越来越受到社会各界的关注。

（2）法律的约束性。会计事务代理是负有法律责任的契约行为。符合条件的代理机构及代理人员与被代理人之间的关系是通过代理协议建立起来的，代理人在从事会计事务代理活动的过程中，必须站在客观、公正的立场上行使代理权限，其行为受税法及有关法律的约束。

（3）内容的确定性。代理机构及人员的代理范围，由国家以法律、行政规章的形式确定，代理人不得超越规定的内容从事代理活动。

（4）法律责任的不可转嫁性。代理，只是代为办理，因此代理人按照合同规定范围进行会计事务代理，所产生的法律后果均由被代理人承担。如果是由于代理人自身的过错导致的不良后果，被代理人可以根据相关合同和法律要求民事赔偿。

（5）代理服务的有偿性。作为一般的民事代理，可以有偿也可以无偿，但一般情况下，会计事务代理是有偿的，否则就可能造成代理机构之间的不正当竞争，进而损害国家的整体利益。

（6）活动的知识性和专业性。会计事务代理行业从事的是一种知识密集型专业活动。代理人应该具有专业知识和实践经验，有综合分析能力，有较高的政策水平。此外，税务师、会计师执业还表现出较强的专业性。在执业过程中，代理人须以税收、会计法规及民事代理法规为依据，专门从事有关会计事务的代理。

二、会计事务代理的原则

无规矩不成方圆。会计事务代理活动的开展，必须遵循以下原则：

（一）自愿委托原则

会计事务代理机构及人员从事的业务属于委托代理范畴，必须依照民法有关代理活动的基本原则，坚持自愿委托。这种代理关系的建立要符合代理双方的共同意愿，这样的信息沟通才是有效的、值得认可的。

（二）依法代理原则

依法代理是会计事务代理的重要原则。首先，从事会计事务代理的机构必须是依法成立的会计师事务所、税务师事务所及代账公司等主体，从事会计事务代理的人员必须是经过全国统一考试合格，并在有关机构登记注册的具有代理资格的代理人员；其次，代理机构和人员承办一切代理业务，都要以法律、法规为指针，其所有活动必须在法律、法规规定的范围内进行。

（三）独立、公正原则

会计事务代理的独立性是指代理机构和人员在其代理权限内，独立行使代理权，不受其他机关社会团体和个人的干预。代理人员办理具体代理事务，要严格按照有关法律的规定，靠自己的知识和能力独立处理受托业务，站在公正的立场上，维护法律尊严的同时，为被代理人代办会计事务，维护被代理人的合法权益。

（四）维护国家利益和保护委托人合法权益原则

由于会计事务代理工作，很多时候会涉及国家利益和自身利益以及被代理人利益关系的处理。作为会计事务代理人员，应当在代理活动中，向被代理人宣传有关税收和法律政策，按照有关规定督促被代理人履行自己的义务；同时也要尽最大努力，维护被代理人的合法权益。权益和义务是对等的，履行义务的同时就会享受相应的权益。通过代理人的代理业务，被代理人可以避免因不知法而导致的不必要的处罚，而且还可以通过代理人员在合理、合法基础上的纳税筹划，节省不必要的税收支出，减少损失。

三、会计事务代理的基本程序

会计事务代理的基本程序是指代理人员在执行会计事务代理业务时所遵循的基本工作步骤。会计事务具体业务不同，代理程序也不尽相同，这里只介绍最基本的工作程序。

（一）代理准备阶段

代理准备阶段是整个代理工作的基础和起点，准备工作直接关系到代理工作的进度、质量，甚至成败。当代理人提出委托代理意向，代理机构要通过调查了解，确定是否接受该项代理业务，代理人和被代理人双方充分协调达成一致意见，签订委托代理协议书，并由签约双方签名盖章。委托代理协议是代理双方协商一致签订的文件，以此明确代理关系的成立，以及对约定事项的理解。

（二）代理执行阶段

代理执行阶段是会计事务代理全过程的中心环节，其工作是按照代理计划，根据委托代理协议书约定的代理事项、权限、期限开展工作。

（三）代理完成阶段

代理完成阶段是实质性的代理业务结束，此阶段的工作主要是整理代理业务的工作底稿，编制有关表格，并将有关资料存档备查。

任务二　会计事务代理的产生与发展

一、会计事务代理的产生背景

任何事物的存在必然有其合理性，一旦条件成熟，会计事务代理就应运而生。会计事

务代理的产生有其必然条件。

随着经济的发展，越来越多的企业会选择代理记账。代理记账是指具有特许资格的中介机构接受委托，替不具备设置会计机构和会计人员条件的单位，代理从事会计记账业务的行为。

《代理记账管理暂行办法》明确规定：凡不具备配备专职会计人员条件的小型经济组织、应当建账的个体工商户等，应当依据本办法的规定委托代理记账公司、会计师事务所或者其他社会咨询服务机构办理会计业务。

2005年1月22日财政部颁布的《代理记账管理办法》，包括2016年的修订版本，均规定："申请设立除会计师事务所以外的代理记账机构，应当经所在地的县级以上人民政府财政部门（以下简称审批机关）批准，并领取由财政部统一印制的代理记账许可证书。"

在西方，市场经济高度发展，社会分工明确，财务代理及财务外包非常普及。很多公司从成立之日起，便将财务工作委托给专业化的财务公司或会计师事务所去打理。这样做既规范了公司会计核算和财务管理，又规避了很多风险；同时，从专业化的会计师那里又得到了自己公司所需求的财税信息和理财建议，政府部门也非常鼓励这个行业的发展，并设立了相关的监督部门。

在我国，财务代理行业的兴起虽然只有短短几年的时间，但很快便得到了市场的认可，特别是加入WTO以后，市场经济迅猛发展，代理记账机构以其优质、灵活、高效的服务方式得到了越来越多中外客户的青睐，正被越来越多的中小企业所接受。尤其是随着市场经济的发展，国家对私人办企业的鼓励政策进一步深化和扩展，民营企业也逐步发展壮大，广大民营企业迫切需要精通财务相关业务、熟悉国家政策法规、能为企业提供较高水准的会计核算和财务管理工作的财务专家为其理财。然而，受优质财会人才奇缺、工资薪金等客观条件限制，很多企业，特别是中小型民营企业往往无法聘请到令其完全满意的会计专业人才，这在一定程度上制约了企业的发展。

一方面，代理记账是针对不具备设置会计机构与会计人员的中小型单位而提出的；另一方面，开展代理记账业务也是广大中小事务所生存和发展的有效途径，能给会计师事务所开辟新的业务源泉，并带来一批固定的客户群体。

二、会计事务代理的发展

我国的会计事务代理始于20世纪80年代中期，是伴随税务代理的产生而产生的。其真正在我国兴起和发展，已有30多年的时间。

随着中国特色社会主义市场经济体制的深入发展，加之大众创业、万众创新大潮下的推动，各项政策如税负优惠、公司认缴、扶贫助困等，大力鼓励发展服务业，在《会计改革与发展"十三五"纲要》中也明确提出要大力发展会计服务行业，支持代理记账公司的发展，促进代理记账行业的规范化管理，基于此，各种类型的中小企业、个体工商户如雨后春笋般快速发展起来。代理记账作为新颖的会计解决方案和新的社会性会计服务项目，由于其符合成本效益的原则和社会分工进一步细化的发展趋势，逐渐成为中小企业会计核算的一种重要方式。代理记账为规范广大中小企业的会计核算提供了一个新的契机，在经济发展较快的地区，已经成为规范广大中小企业会计核算的重要力量。

技术的进步推动了代理记账公司业务的扩展。信息技术的高速发展，为代理记账提供了技术平台，解决了实际工作中票据传递的时间差，以及安全性、保密性等问题，基于"云技术"的财务核算和代理机制已经十分成熟，并广泛应用于各大代理机构。

但是作为新生事物的代理记账业务也存在一些缺陷，如何趋利避害，使之为社会经济的发展做出更大的贡献是一个值得探讨的问题。

2018年6月7日，中国总会计师协会主导并发布了《代理记账行业基本规范》《代理记账行业业务规范》，以及《代理记账从业人员规范》，这些文件对代理记账行业、企业，以及从业人员进行了制度性规范约束，对促进代理记账行业积极健康发展起到了至关重要的作用。

任务三　会计事务代理的业务范围

谈到会计事务代理的业务范围，代理记账公司业务之广泛，一定刷新了你我的认知。在法律允许的情况下，代理记账公司可以提供任何形式的事务代办服务，当然，主要业务还是代理记账。

代理记账是指将本企业的会计核算、记账、报税等一系列的会计工作全部委托给专业记账公司完成，本企业只设立出纳人员，负责日常货币收支业务和财产保管等工作。也可以只委托专业记账公司进行会计核算，企业自己负责税务申报和纳税。代理记账公司在名称上一般以"服务咨询"或"会计管理"为主，会计师事务所也有此业务。如深圳市深达财务咨询管理有限公司、广州宇宏记账公司、太原博仁财务管理咨询公司、太原至同会计代理公司、太原安迪财税公司、企安会计代理记账公司、合生利会计代理记账有限公司等。代理记账公司是经县级以上财政局批准设立并核发代理记账许可证，县级以上工商局注册登记的服务性专业公司。

从事代理记账业务的社会中介机构，即会计咨询公司、会计服务公司、代理记账公司、会计师事务所等接受委托人委托办理会计服务业务。《中华人民共和国会计法》规定，对不具备设置会计机构条件的单位可以委托经批准设立的从事代理记账的中介机构代理记账，从而确立了代理记账业务的法律地位。为了加强对代理记账机构的管理，规范代理记账业务，促进代理记账行业的健康发展，根据《中华人民共和国会计法》及其他法律、法规的规定，2005年1月22日财政部发布了《代理记账管理办法》，对从事代理记账的条件、代理记账的程序、委托双方的责任和义务等做了具体规定，并自2005年3月1日起施行。2016年5月1日修订后的《代理记账管理办法》对代理记账的条件、程序等又做了调整。

一、代理记账机构设立条件

根据《代理记账管理办法》的规定，除会计师事务所以外的机构从事代理记账业务，设立代理记账机构，应当符合下列条件：

（1）为依法设立的企业；
（2）有三名以上持有会计从业资格证书的专职从业人员；
（3）主管代理记账业务的负责人具有会计师以上专业技术职务资格，且为专职从业人员；
（4）有健全的代理记账业务内部规范。

二、代理记账机构的业务范围

根据《代理记账管理办法》的规定，代理记账机构可以接受委托人的委托，负责办理委托人的下列业务：

（1）根据委托人提供的原始凭证和其他相关资料，按照国家统一的会计制度的规定进行会计核算，包括审核原始凭证、编制记账凭证、登记会计账簿、编制财务会计报告等；
（2）对外提供财务会计报告。代理记账机构为委托人编制的财务会计报告，经代理记账机构负责人和委托人签名并盖章后，按照有关法律、行政法规和国家统一的会计制度的规定对外提供；
（3）向税务机关提供税务资料；
（4）办理委托人委托的其他会计业务。

本书介绍除代理记账以外的其他业务主要包括下列内容：

（1）代办企业工商登记，包括注册、变更和注销的内容及流程；
（2）代办企业税务登记，包括税务注册、变更和注销的内容及流程；
（3）增值税一般纳税人认定的内容及流程；
（4）发票申领和使用；
（5）纳税申报及纳税筹划业务；
（6）代办社保等。

任务四　会计事务代理的义务和法律责任

一、委托代理记账委托人的义务

根据《代理记账管理办法》的规定，委托人委托代理记账机构代理记账的，应当履行以下义务：

（1）对本单位发生的经济业务事项，应当填制或者取得符合国家统一的会计制度规定的原始凭证；

（2）应当配备专人负责日常货币资金收支和保管；

（3）及时向代理记账机构提供真实、完整的原始凭证和其他相关资料；

（4）对于代理记账机构退回的，要求按照国家统一的会计制度规定进行更正、补充的原始凭证，应当及时予以更正、补充。

二、代理记账机构及其从业人员的义务

根据《代理记账管理办法》的规定，代理记账机构及其从业人员应当履行下列义务：

（1）遵守会计法律、法规和国家统一的会计制度的规定，按照委托合同办理代理记账业务；

（2）对在执行业务中知悉的商业秘密负有保密义务；

（3）对委托人要求其作出不当的会计处理，提供不实的会计资料，以及其他不符合法律、行政法规和国家统一的会计制度规定的要求，予以拒绝；

（4）对委托人提出的有关会计处理相关问题应当予以解释。

三、代理记账的监督检查

根据《代理记账管理办法》的规定，县级以上人民政府财政部门对代理记账机构及其从事代理记账业务情况实施监督检查。代理记账机构应于每年 4 月 30 日之前，向审批机关报送下列材料：

（1）代理记账机构基本情况表；

（2）专职从业人员变动情况。

代理记账机构采取欺骗、贿赂等不正当手段获得代理记账资格的，由审批机关撤销其资格。代理记账机构在经营期间达不到本办法规定的资格条件的，由审批机关发现后，应当责令其在 60 日内整改；逾期仍达不到规定条件的，由审批机关撤销其代理记账资格。

四、代理记账承担的法律责任

代理记账机构违反《代理记账管理办法》第七条、第八条、第九条、第十四条、第十七条规定，以及违反第五条第三项规定、做出不实承诺的，由县级以上人民政府财政部门责令其限期改正，拒不改正的，列入重点关注名单，并向社会公示，提醒其履行有关义务；情节严重的，由县级以上人民政府财政部门按照有关法律、法规给予行政处罚，并向社会公示。

代理记账机构从业人员在办理业务中违反会计法律、法规和国家统一的会计制度的规定，造成委托人会计核算混乱、损害国家和委托人利益的，由县级以上人民政府财政部门

依据《中华人民共和国会计法》等有关法律、法规的规定处理。代理记账机构有前款行为的，县级以上人民政府财政部门应当责令其限期改正，并给予警告；有违法所得的，可以处违法所得 3 倍以下罚款，但最高不得超过 3 万元；没有违法所得的，可以处 1 万元以下罚款。

委托人故意向代理记账机构隐瞒真实情况或者委托人会同代理记账机构共同提供虚假会计资料的，应当承担相应法律责任。未经批准从事代理记账业务的，由县级以上人民政府财政部门按照有关法律、法规予以查处。县级以上人民政府财政部门及其工作人员在代理记账资格管理过程中，滥用职权、玩忽职守、徇私舞弊的，依法给予行政处分；涉嫌犯罪的，移送司法机关处理。

项目二

代办企业工商登记

知识目标

○ 了解企业工商登记的意义
○ 了解企业工商登记的范围和规则
○ 了解企业工商登记相关业务的流程

技能目标

◇ 能根据公司实际需要,进行工商登记、变更及注销
◇ 能够牢记会计事务代理行业的规则及业务操作规范,保持职业谨慎

素质目标

1. 贯彻依法经营理念,防范化解公司设立、经营及注销风险;
2. 养成认真细致的职业习惯,确保各项申报资料的合规性和完整性。

思维导图

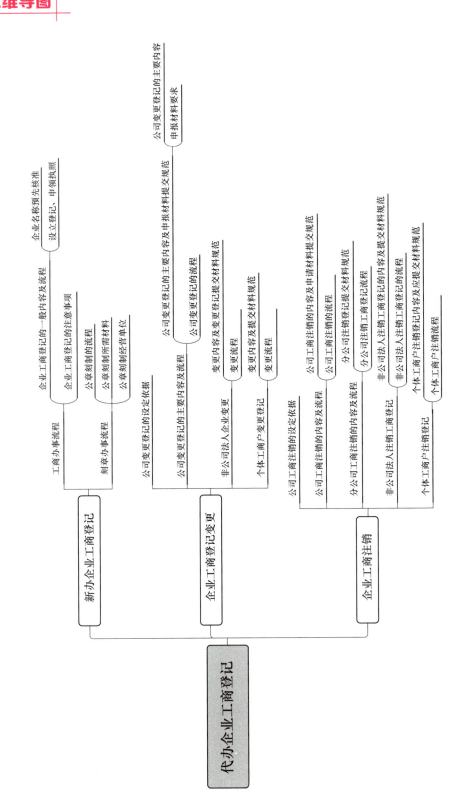

项目二　代办企业工商登记

为了实现蓝天白云新龙城，三位理工科毕业的大学生打算共同创立一家新公司，集空气净化器的研发、生产、售后为一体，并为用户制订个性化服务方案，打造空气净化终身服务。他们准备进行新办企业工商登记，却总觉得隔行如隔山，万事开头难。正在一筹莫展时，朋友圈里有人发了这样一条信息：

或许你曾在其他财务公司咨询过，但是没关系，我还在原地等你来找我代办，24小时服务热线：136×××××××××。

于是乎，拨开云雾见青天，抱着试一试的心态他们打通了咨询电话，对方精准清晰的分析和解答，令三人折服，立马办理了工商登记的一站式代理。我们来听听对方是如何讲解的吧。

任务一　新办企业工商登记

一、工商办事流程（3天）

新办企业办理工商注册，在政府"放管服"的号召下，我们可以少走很多弯路。随着信息化程度越来越高，各政府服务窗口逐步集成化，网上服务大厅、政务服务中心的出现，为公司的企业名称预先核准和设立登记带来了极大的方便，不需要在多个机构之间往返多次，提高了办事效率。

工商设立登记实操

下面先来了解一下法律依据：

法律条款

《中华人民共和国公司法》第六条第一款：设立公司，应当依法向公司登记机关申请设立登记。符合本法规定的设立条件的，由公司登记机关分别登记为有限责任公司或者股份有限公司；不符合本法规定的设立条件的，不得登记为有限责任公司或者股份有限公司。

行政法规

《公司登记管理条例》（1994年6月24日中华人民共和国国务院令第156号发布，根据2016年2月6日国务院令第666号《国务院关于修改部分行政法规的决定》修正）第二条第一款：有限责任公司和股份有限公司（以下统称公司）设立、变更、终止，应当依照本条例办理公司登记。

第四条第一款：工商行政管理机关是公司登记机关。

第十七条：设立公司应当申请名称预先核准。法律、行政法规或者国务院决定规定设立公司必须报经批准，或者公司经营范围中属于法律、行政法规或者国务院决定规定在登记前须经批准的项目的，应当在报送批准前办理公司名称预先核准，并以公司登记机关核准的公司名称报送批准。

《企业法人登记管理条例》(1988年6月3日中华人民共和国国务院令第1号发布，根据2019年3月2日《国务院关于修改部分行政法规的决定》修正)第三条第一款：申请企业法人登记，经企业法人登记主管机关审核，准予登记注册的，领取《企业法人营业执照》，取得法人资格，其合法权益受国家法律保护。

（一）企业工商登记的一般内容及流程

企业进行工商登记的最终目的就是能够取得一纸文书——营业执照，这个过程比较简单易懂，一起来了解一下。

1. 万里长城第一步——企业名称预先核准

每一位父母都希望给自己的孩子起一个寓意深远而且区分度较高的名字，创办企业亦然。大家都希望给企业起一个铿锵有力又能表明主营业务的好名字，当然不能起个同名同姓的名字出来，因此工商部门规定，新办企业在设立之初就至少要预先起好3个名字，进行企业名称的预先核准，看看你的名字是否符合国家有关规定，是否在相关行业与别人重名，不便加以区分等。

（1）关于主体。并不是所有的市场主体，在成立之初都要办理企业名称的预先核准。依法需经国家工商行政管理总局[①]核准的新设立企业名称，主要包括：内资公司、内资非公司企业法人和外资公司、非公司外资企业法人等，个体工商户是无须进行名称预先核准的。

（2）受理方式。目前，对于企业名称预先核准业务，国家工商总局[②]开放两个平台，我们可以选择在国家工商总局企业注册局企业注册大厅或政务服务中心现场办理和网上服务大厅进行办理。

如果我们选择"网上办理"，那么目前就业务办理可操作性程度来看，一些省份只开放了企业名称预先核准、企业设立登记两项业务，是为企业提供网上登记注册申请、办理状态查询、办理结果反馈的平台，注册的用户名为用户登录该系统的唯一标识；提供密码加密验证功能。

企业需要根据自身情况和名字特点，选择名称要素的排列顺序，如山西恒信华翔商务咨询有限公司，这个名称当中，其要素的排列方式是行政区划＋字号＋行业＋组织形式，这些名称要素，我们可以根据实际情况进行调整，但是一般来讲，名称最后都要体现企业的组织形式，是有限责任公司还是股份有限公司，其他要素可以自由组合。

（3）受理期限。15个工作日，从受理之日起至核准或者驳回，最多不会超过15个工作日。

（4）受理结果。核准通知书，对于符合国家相关企业名称核准要求的企业，在办理名称核准业务后，会取得核准通知书。

（5）自主核名操作手册。

①注册、登录。

第一，登录网上服务大厅或全程电子化，在首页面点击"自主核名"（见图2-1），进入自主核名页面进行自主申报。

---

① 现国家市场监督管理总局。
② 现国家市场监督管理总局。

图 2-1　登录网上服务大厅——自主核名

第一种情形：有用户信息。

若已经有网上服务大厅或全程电子化系统的用户，可直接登录系统，在业务办理界面点击"自主核名"（见图 2-2）。

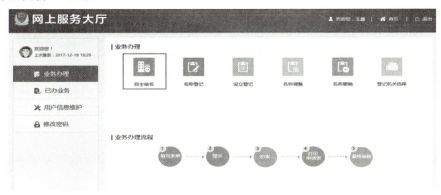

图 2-2　自主核名——直接登录

第二种情形：无用户信息。

若没有用户名，可以点击首页面"自主核名"——"新用户注册"，进入核名页面（见图 2-3）。

图 2-3　自主核名——注册登录

第二，系统自动弹出客户使用须知，需要客户浏览使用须知后，在"我已阅读并同意《企业名称自主申报平台使用须知》"前面打勾，点击"接受"，进入核名申报页面（见图2-4）。

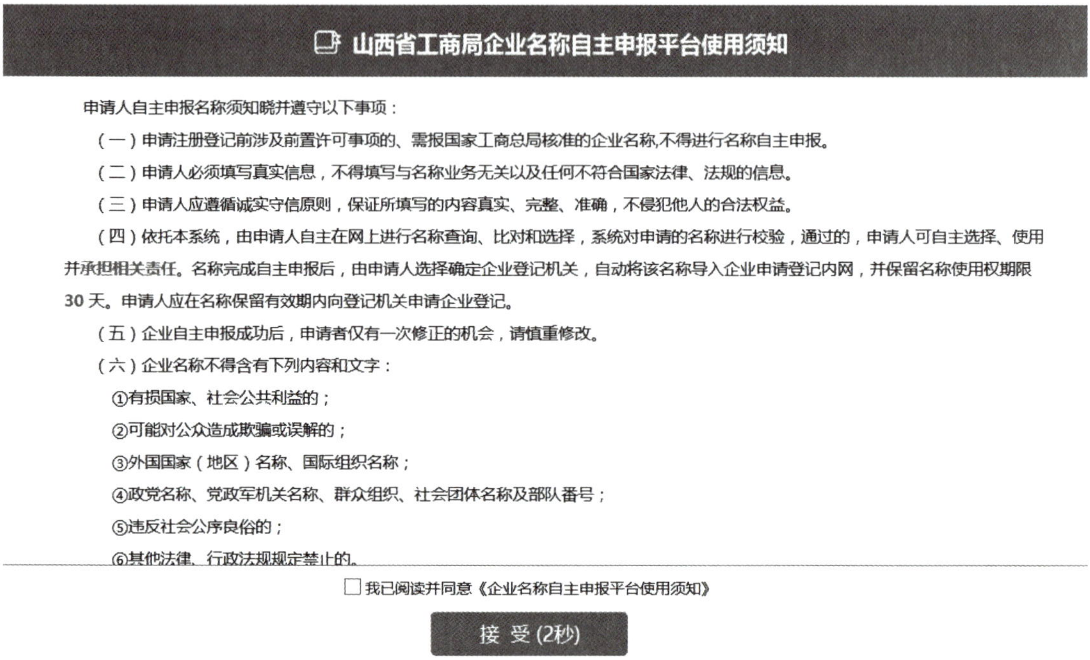

图2-4 自主核名——接受使用须知

第三，名称组合方式只能选择"区划＋字号＋行业特点＋组织形式"。默认界面是申报企业的申报界面，如要申请分公司请看右上角"申请分支机构名称请点击"（见图2-5）。

图2-5 申请公司名称

第四，申报名称，点击"行政区划"，选择企业所在地和对应的名称区划（见图2-6）。

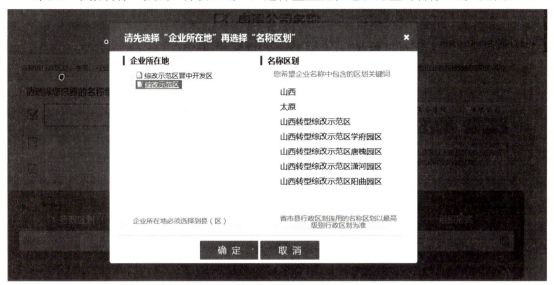

图2-6　自主核名——选择行政区划

第五，输入字号、行业特点、组织形式。注意：行业特点输入后，系统自动弹出所对应的主营业务，可以自主选择，也可以点击系统已配置的（见图2-7）。

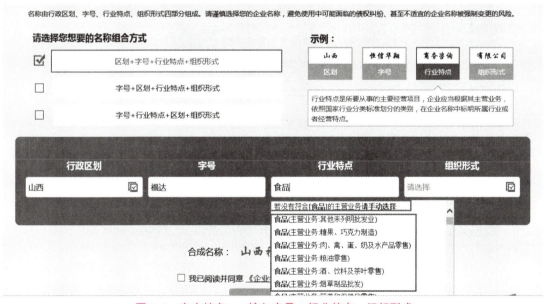

图2-7　自主核名——输入字号、行业特点、组织形式

组织形式，选择好企业类型后，系统会自动搭配所选企业类型的组织形式。企业类型包含内资企业、个体工商户等（见图2-8）。

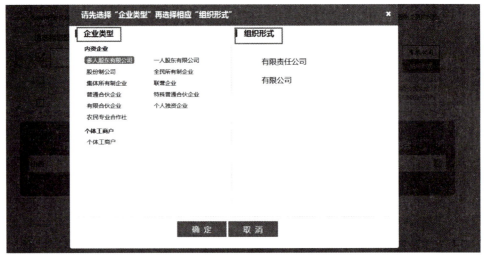

图 2-8　自主核名——选择企业类型和组织形式

第六，输入名称后，点击"检查是否可用"，对名称进行查重（见图 2-9）。

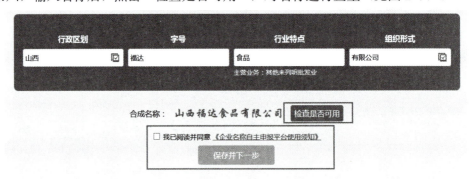

图 2-9　自主核名——检查名称

注意：要求客户再次阅读《企业名自主申报平台使用须知》，点击我已阅读并同意，然后点击"保存并下一步"。

若申报的名称，查重显示图 2-10 提示信息，代表自主核名查重通过。

图 2-10　自主核名——查重通过

若申报的名称，涉及禁限词，则系统在申报名称的时候，就会有提示。名称查重通过后，点击"保存并下一步"，此时系统会弹出用户注册和登录界面，已经有用户信息的直接输入，点击"登录"；没有用户信息的，点击"注册"（见图2-11）。

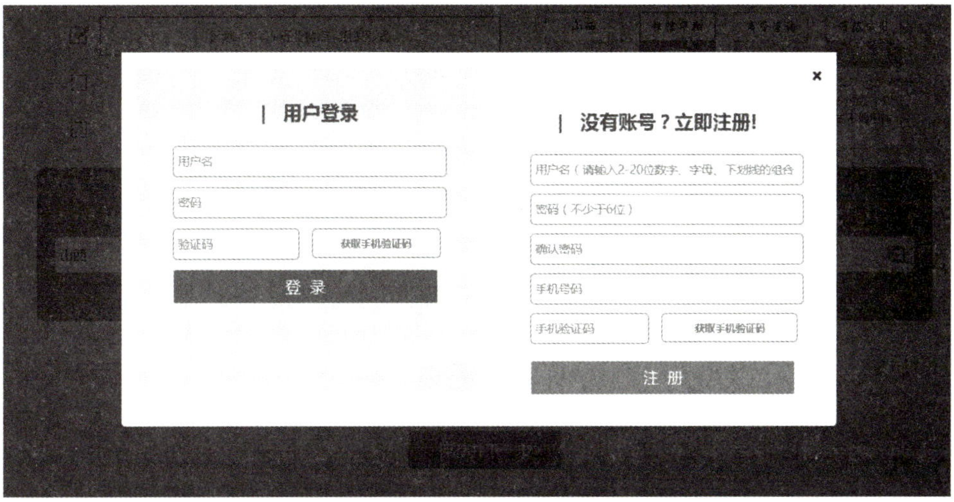

图2-11 用户注册和登录界面

②名称自主申报。

第一步：自主申报。

在首页面输入用户名、密码登录，业务办理点击"自主核名"的，申报流程见上述第二种情形的申报内容。

第二步：补充信息。

首先，名称查重通过后，进入补充信息界面，填写基本信息。选择对应的住所行政区划、企业住所地、注册资本、登记机关、经营范围可选择系统中可选择的，也可手动输入，系统会自动组合手动和选择的内容，显示到组合后经营范围内（见图2-12）。

图2-12 补充信息

其次，完善股东信息，点击"新增"（见图2-13），进入股东信息填写界面（见图2-14）。

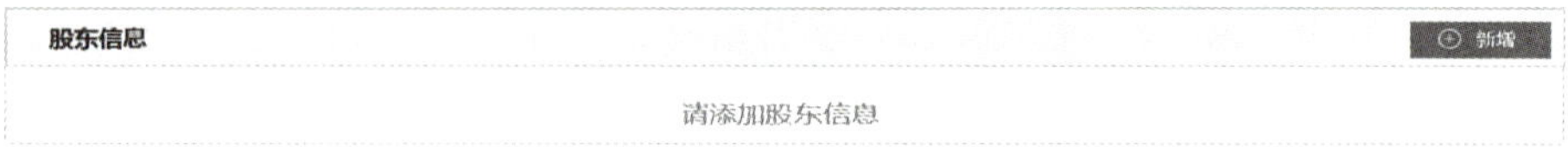

图 2-13　完善股东信息

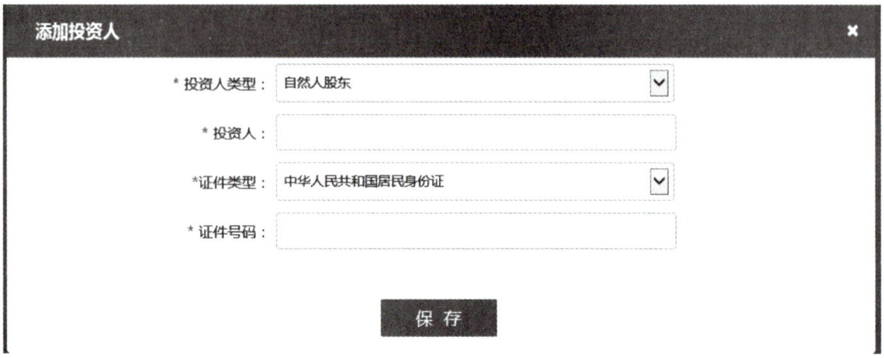

图 2-14　添加投资人

填写完毕后，点击"完成"（见图2-15）。

图 2-15　完成股东信息填写

系统提示：名称自主申报通过！名称已自主申报成功，请于30日内进行网上设立登记或到×××工商局现场办理登记。您本次办理名称自主选择业务的序列号为×××××××××××××（见图2-16）。

图 2-16　名称自主申报通过

点击"确定",可看到申报的名称信息。或者点击右上角"申报列表"查看。

第三步:打印告知书。

名称申报成功后,刷新页面,点击"告知书",可进行打印(见图 2-17)。

图 2-17　打印告知书

打印完告知书(见图 2-18),名称自主申报流程结束。

编码：201712190001

企业名称自主申报告知书

您已完成"山西福福食品有限公司"的名称自主申报,保留期至2018年1月18日,请在保留期内办理注册登记手续。

行业及行业代码　5199　其他未列明批发业

名称或姓名	证照号码或证件号码
王西	123654
李四	654789

在保留期内,企业名称不得用于经营活动、不得转让。

2017年12月19日

图 2-18　告知书内容

2. 设立登记、申领执照

名称审核通过后，在30天内，进行设立登记。设立登记方式有两种：一是由企业去所选的登记机关进行设立登记；二是在网上进行设立登记。

（1）登记机关设立登记。

企业选择去登记机关进行设立登记的，申请执照时间一般为3天，具体流程如图2-19所示：

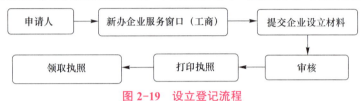

图2-19　设立登记流程

不同类型的企业在进行设立登记时所要提交的审核材料是不同的，以有限责任公司为例，有限公司进行设立登记的申请材料清单如下：

①《公司登记（备案）申请书》及附表；
②《指定代表或者共同委托代理人授权委托书》；
③《企业名称预先核准通知书》；
④全体股东签署的公司章程；
⑤股东的主体资格证明或者自然人身份证件复印件；
⑥董事、监事、经理及法定代表人的任职文件（股东会决议由股东签署，董事会决议由公司董事签字）；
⑦住所（经营场所）信息申报承诺表；
⑧信用承诺书；
⑨"多证合一"政府部门共享信息表。

（2）网上申请执照操作手册。

①自主核名申报成功后，申报列表点击"设立登记"（见图2-20）。

图2-20　网上设立登记

②点击业务办理—设立登记—已领取名称预先核准通知书（见图2-21）。

输入企业名称、通知书文号（即自主核名告知书的编码），进行设立登记。

设立登记操作流程与网上服务大厅、全程电子化系统一致：

填制表单—提交—初审—打印申请表—最终审核。

项目二　代办企业工商登记

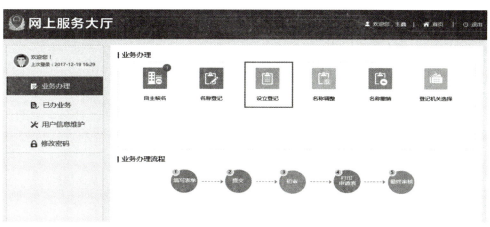

图 2-21　已领取名称预先核准通知书

具体而言，要想实现零纸张、零跑路，通过全程电子化系统进行企业设立登记的五个步骤如图 2-22 所示：

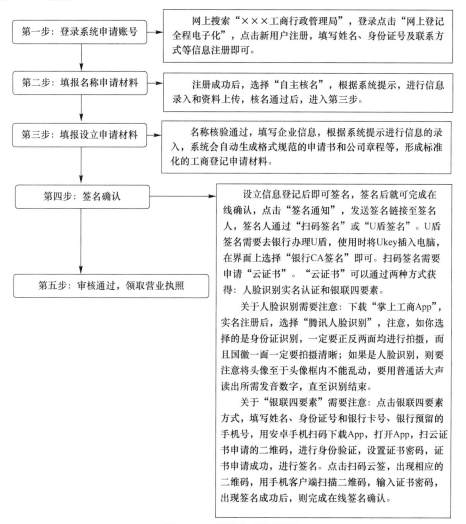

图 2-22　全程电子化步骤

25

企业通过在线签名确认后，可以通过全程电子化平台的"亮照查询"功能，查询营业执照办理进度，并打印电子营业执照，如果有需要，也可以去登记机关领取纸质营业执照。全程电子化平台，至少应该服务于以下类型的企业：管辖区内的公司、分公司、个体工商户和农民专业合作社。其中，个体工商户还可以通过掌上App或者微信关注××工商局公众号，选择"网上大厅"—"个体注册"，业务办理更加便捷高效。

（二）企业工商登记的注意事项

进行网上申报时，申请人自主申报名称须知晓并遵守以下事项：

（1）申请注册登记前涉及前置许可事项的，需报国家工商总局核准的企业名称，不得进行名称自主申报。

（2）申请人必须填写真实信息，不得填写与名称业务无关，以及任何不符合国家法律、法规的信息。

（3）申请人应遵循诚实守信原则，保证所填写的内容真实、完整、准确，不侵犯他人的合法权益。

（4）依托本系统，由申请人自主在网上进行名称查询、比对和选择，系统对申请的名称进行校验，通过的，申请人可自主选择、使用并承担相关责任。名称完成自主申报后，由申请人选择确定企业登记机关，自动将该名称导入企业申请登记内网，并保留名称使用权期限30天。申请人应在名称保留有效期内向登记机关申请企业登记。

（5）企业自主申报成功后，申请者仅有一次修正的机会，请慎重修改。

（6）企业名称不得含有下列内容和文字：

①有损国家、社会公共利益的；

②可能对公众造成欺骗或误解的；

③外国国家（地区）名称、国际组织名称；

④政党名称、党政军机关名称、群众组织、社会团体名称及部队番号；

⑤违反社会公序良俗的；

⑥其他法律、行政法规规定禁止的。

（7）登记机关对自主申报的企业名称，依法进行监管，有权驳回不适宜的企业名称。

（8）本企业愿意承担因名称争议所产生的一切后果和民事法律责任。

二、刻章办事流程（公章刻制：1天）

企业在设立登记之后，申领了加载社会统一信用代码的营业执照，想要正式开展经营业务，必须为企业刻制符合相关规定的公章，这样，无论是在签订银行借款的合同还是材料采购的订单，才能有能够对外代表企业法人主体地位的印鉴。

（一）公章刻制的流程

公章刻制的流程十分简单，一般由申请人提出申请，从工商部门划定的可以从事印章

项目二 代办企业工商登记

刻制经营的单位进行选择,并提交刻章材料,通过缴费后,领取公章。

(二)公章刻制所需材料

公章刻制需经办人持身份证原件并携带以下材料办理:
(1)营业执照副本原件及复印件;
(2)法定代表人身份证原件及复印件。

(三)公章刻制经营单位

公章刻制是一件十分神圣的事情,毕竟这枚小小的印章要对外代表企业的形象和法律主体地位,当然不是随便找一家刻章的单位就可以完成的,必须是由工商行政管理部门指定的经营单位,才有资格为企业刻制公章,或者说只有经过审核和批准的单位刻制的公章才是有法律效力的。

新设企业刻章流程

任务二　企业工商登记变更

我们生活在一个机遇和挑战并存,与各种风险博弈的时代,有些企业一路过关斩将,披荆斩棘,但是也会遍体鳞伤,需要休养生息。因此,我们难免会遇到一些需要变更初始设立登记信息的情况,比如,在不断打怪升级过程中,会有企业的经营场所变更、企业的经营范围调整、法定代表人发生改变、减少注册资本及股东发生变化等情况,这些都需要及时做出工商登记信息的变更。

一、公司变更登记的设定依据

下面先来了解一下除《中华人民共和国宪法》以外最具权威的法律依据:

《中华人民共和国公司法》第七条第三款:公司营业执照记载的事项发生变更的,公司应当依法办理变更登记,由公司登记机关换发营业执照。

第十四条第一款:公司可以设立分公司。设立分公司,应当向公司登记机关申请登记,领取营业执照。

第一百七十九条:公司合并或者分立,登记事项发生变更的,应当依法向公司登记机关办理变更登记;公司解散的,应当依法办理公司注销登记;设立新公司的,应当依法办理公司设立登记。公司增加或者减少注册资本,应当依法向公司登记机关办理变更登记。

第一百八十八条:公司清算结束后,清算组应当制作清算报告,报股东会、股东大会或者人民法院确认,并报送公司登记机关,申请注销公司登记,公告公司终止。

下面再来了解一下行政法规的有关规定:

《公司登记管理条例》第二条第一款：有限责任公司和股份有限公司（以下统称公司）设立、变更、终止，应当依照本条例办理公司登记。

第四条第一款：工商行政管理机关是公司登记机关。

第二十六条：公司变更登记事项，应当向原公司登记机关申请变更登记。未经变更登记，公司不得擅自改变登记事项。

第三十八条第一款：因合并、分立而存续的公司，其登记事项发生变化的，应当申请变更登记；因合并、分立而解散的公司，应当申请注销登记；因合并、分立而新设立的公司，应当申请设立登记。

第四十二条：有下列情形之一的，公司清算组应当自公司清算结束之日起30日内向原公司登记机关申请注销登记。……

第四十八条第一款：分公司变更登记事项的，应当向公司登记机关申请变更登记。

第四十九条第一款：分公司被公司撤销、依法责令关闭、吊销营业执照的，公司应当自决定作出之日起30日内向该分公司的公司登记机关申请注销登记。

《企业法人登记管理条例》（1988年6月3日中华人民共和国国务院令第1号发布，根据2019年3月2日《国务院关于修改部分行政法规的决定》修正）第十七条：企业法人改变名称、住所、经营场所、法定代表人、经济性质、经营范围、经营方式、注册资金、经营期限，以及增设或者撤销分支机构，应当申请办理变更登记。

第十九条：企业法人分立、合并、迁移，应当在主管部门或者审批机关批准后30日内，向登记主管机关申请办理变更登记、开业登记或者注销登记。

第二十条：企业法人歇业、被撤销、宣告破产或者因其他原因终止营业，应当向登记主管机关办理注销登记。

《中华人民共和国合伙企业登记管理办法》（1997年11月19日中华人民共和国国务院令第236号发布，2007年5月9日国务院令第497号修订，2014年2月19日国务院令第648号修订，2019年3月2日国务院令第709号修订）第三条：合伙企业经依法登记，领取合伙企业营业执照后，方可从事经营活动。

第四条：工商行政管理部门是合伙企业登记机关（以下简称企业登记机关）。国务院工商行政管理部门负责全国的合伙企业登记管理工作。市、县工商行政管理部门负责本辖区内的合伙企业登记。国务院工商行政管理部门对特殊的普通合伙企业和有限合伙企业的登记管辖可以做出特别规定。法律、行政法规对合伙企业登记管辖另有规定的，从其规定。

第二十一条：合伙企业解散，依法由清算人进行清算。清算人应当自被确定之日起10日内，将清算人成员名单向企业登记机关备案。

接下来了解一下规范性文件的有关规定：

《关于做好合伙企业登记管理工作的通知》（工商个字〔2007〕108号）第一条：关于登记管辖……特殊的普通合伙企业和有限合伙企业一般由省、自治区、直辖市工商行政管理局，以及设区的市的工商行政管理局登记。

总而言之，如果企业发生了上述变化，就必须如实进行变更登记。

二、公司变更登记的主要内容及流程

（一）公司变更登记的主要内容及申报材料提交规范

1. 公司变更登记的主要内容（见表2-1）

表2-1　公司变更登记的主要内容

序号	变更登记内容
1	变更企业名称
2	变更企业经营住所
3	变更法人代表
4	减少注册资本
5	变更经营范围
6	变更股东

分公司变更登记的主要内容如表2-2所示。

表2-2　分公司变更登记的主要内容

序号	变更登记内容
1	因公司名称变更而申请变更分公司名称
2	变更经营范围
3	变更营业场所
4	变更负责人

2. 申报材料要求

（1）公司变更登记的内容对应申报材料规范。

①《公司登记（备案）申请书》。

②《指定代表或者共同委托代理人授权委托书》及指定代表或委托代理人的身份证件复印件。

③关于修改公司章程的决议、决定（变更登记事项涉及公司章程修改的，提交该文件；其中股东变更登记无须提交该文件，公司章程另有规定的，从其规定）。

a. 有限责任公司提交由代表三分之二以上表决权的股东签署的股东会决议。

b. 股份有限公司提交由会议主持人及出席会议的董事签署的股东大会会议记录。

c. 一人有限责任公司提交股东签署的书面决定。

d. 国有独资公司提交国务院、地方人民政府或者其授权的本级人民政府国有资产监督管理机构的批准文件。

④修改后的公司章程或者公司章程修正案（公司法定代表人签署）。

⑤变更事项相关证明文件。申报材料要求如图2-23所示。

变更事项	申报材料要求
变更企业名称	应当向其登记机关提出申请。申请名称超出登记机关管辖权限的，由登记机关向有该名称核准权的上级登记机关申报。
变更企业住所	提交变更后住所的使用证明
变更法人代表	根据公司章程的规定提交原任法定代表人的免职证明和新任法定代表人的任职证明（股东会决议由股东签署，董事会决议由公司董事签字）及身份证复印件；公司法定代表人更改姓名的，只需提交公安部门出具的证明。
减少注册资本	提交在报纸上刊登公司减少注册资本公告的有关证明和公司债务清偿或者债务担保情况的说明。应当自公告之日起45日后申请变更登记。
变更经营范围	公司申请登记的经营范围中有法律、行政法规和国务院决定规定必须在登记前报经批准的项目，提交有关批准文件或者许可证件的复印件。审批机关单独批准分公司经营许可经营项目的，公司可以凭分公司的许可经营项目的批准文件、证件申请增加相应经营范围，但应当在申请增加的经营范围后标注"（限分支机构经营）"字样。
变更股东	股东向其他股东转让全部股权的，提交股东双方签署的股权转让协议或者股权交割证明。 股东向股东以外的人转让股权的，提交其他股东过半数同意的文件；其他股东接到通知30日未答复的，提交拟转让股东就转让事宜发给其他股东的书面通知；股东双方签署的股权转让协议或者股权交割证明；新股东的主体资格证明或自然人身份证件复印件。公司章程对股权转让另有规定的，从其规定。 人民法院依法裁定划转股权的，应当提交人民法院的裁定书，无须提交股东双方签署的股权转让协议或者股权交割证明和其他股东过半数同意的文件；国务院、地方人民政府或者其授权的本级人民政府国有资产监督管理机构划转国有资产相关股权的，提交国务院、地方人民政府或者其授权的本级人民政府国有资产监督管理机构关于划转股权的文件，无须提交股东双方签署的股权转让协议或者股权交割证明。 变更股东或发起人名称或姓名的，提交股东或发起人名称或姓名变更证明；股东或发起人更名后新的主体资格证明或者自然人身份证件复印件。 以上各项涉及其他登记事项变更的，应当同时申请变更登记，按相应的提交材料规范提交相应的材料。

图 2-23　申报材料要求

⑥法律、行政法规和国务院决定规定公司变更事项必须报经批准的，提交有关的批准文件或者许可证件复印件。

> **温馨提示**
>
> 1. 依照《中华人民共和国公司法》《公司登记管理条例》设立的分公司申请变更登记适用本规范。
> 2. 核准变更登记后，申请人可持营业执照正（副）本到登记机关窗口或以寄递等方式换发营业执照。

⑦公司营业执照副本（使用全程电子化方式登记的，提交营业执照副本电子图像）。

（2）分公司变更登记的内容对应申报材料规范。

①《分公司、分支机构、营业单位登记申请书》。

②《指定代表或者共同委托代理人授权委托书》及指定代表或委托代理人的身份证件复印件。

③变更事项相关证明文件。

a. 因公司名称变更而申请变更分公司名称的，提交公司登记机关出具公司《准予变更登记通知书》复印件、变更后公司营业执照复印件（加盖印章）。

b. 分公司变更经营范围的，提交公司营业执照复印件（加盖印章）。分公司变更后经营范围涉及法律、行政法规和国务院决定规定必须在登记前报经批准的项目，提交有关批准文件或者许可证件的复印件。

c. 分公司变更营业场所的，提交变更后营业场所的使用证明。

d. 分公司变更负责人的，提交原任分公司负责人的免职文件、新任负责人的任职文件及其身份证件复印件（如已在申请书中粘贴身份证复印件和签署确认任职信息，无须单独提交）。

④法律、行政法规规定分公司变更登记事项必须报经批准的，提交有关的批准文件或者许可证件复印件。

⑤分公司营业执照副本（使用全程电子化方式登记的，提交营业执照副本电子图像）。

（二）公司变更登记的流程

企业应当根据当地所属工商行政机关的具体要求和流程进行业务办理，对于公司变更登记，基本流程可以参照图2-24进行相关了解和准备。

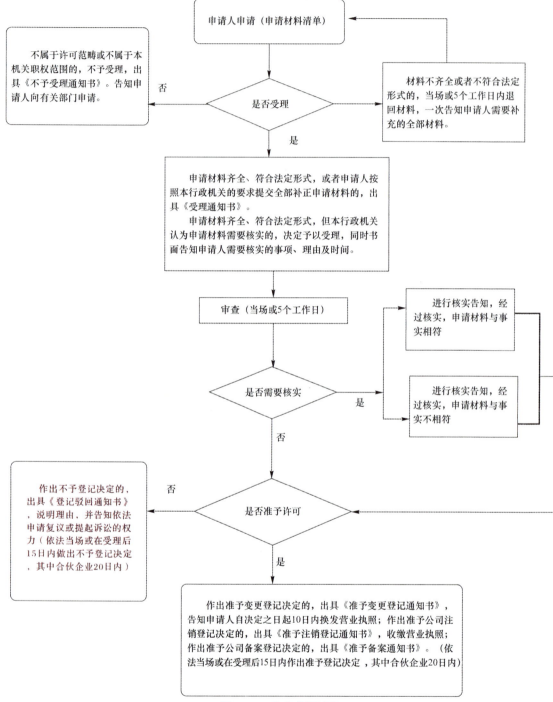

图 2-24 企业变更流程

三、非公司法人企业变更

（一）变更内容及变更登记提交材料规范

（1）《非公司企业法人登记（备案）申请书》。

（2）《指定代表或者共同委托代理人授权委托书》及指定代表或委托代理人的身份证件复印件。

（3）法律、行政法规和国务院决定规定变更事项必须报经批准的，提交有关的批准文件或者许可证件复印件。

（4）变更事项相关证明文件。

①变更名称的，应当向其登记机关提出申请。申请名称超出登记机关核准权限的，由登记机关向有该名称核准权的上级登记机关申报。

②变更住所（经营场所）的，提交变更后住所（经营场所）的使用证明。

③变更法定代表人的，提交原任法定代表人的免职证明、新任法定代表人的任职证明及其身份证件复印件（如已在申请书中粘贴身份证复印件，无须单独提交）。

④变更经济性质的，提交变更批准文件或相关证明文件，企业法人因资产权属转移而导致经济性质变化的，应当同时申请主管部门（出资人）变动备案，按相关提交材料规范提交材料。

⑤变更经营范围的，企业申请的经营范围中含有法律、行政法规和国务院决定规定必须在登记前报经批准的项目，应当提交有关的批准文件或者许可证件复印件。

⑥变更注册资金的，主管部门（出资人）为国有企业或者事业法人的，提交国有资产管理部门出具的国有资产产权登记证明；主管部门（出资人）为集体所有制企业或者社团组织、民办非企业单位的，提交依法设立的验资机构出具的验资证明；主管部门（出资人）为工会的，由上一级工会出具证明。

⑦变更经营期限的，提交主管部门（出资人）出具的变更企业法人营业期限的文件；修改后的企业章程或者企业章程修正案［主管部门（出资人）加盖公章］。

⑧以上各项涉及其他登记事项变更的，应当同时申请变更登记，按相应的提交材料规范提交相应的材料。

（5）企业法人营业执照副本（使用全程电子化方式登记的，提交营业执照副本电子图像）。

温馨提示

1. 依照《企业法人登记管理条例》设立的企业法人申请变更登记适用本规范。

2. 核准变更登记后，申请人可持营业执照正（副）本到登记机关窗口或以寄递等方式换发营业执照。

（二）变更流程

非公司法人企业变更流程如图2-25所示。

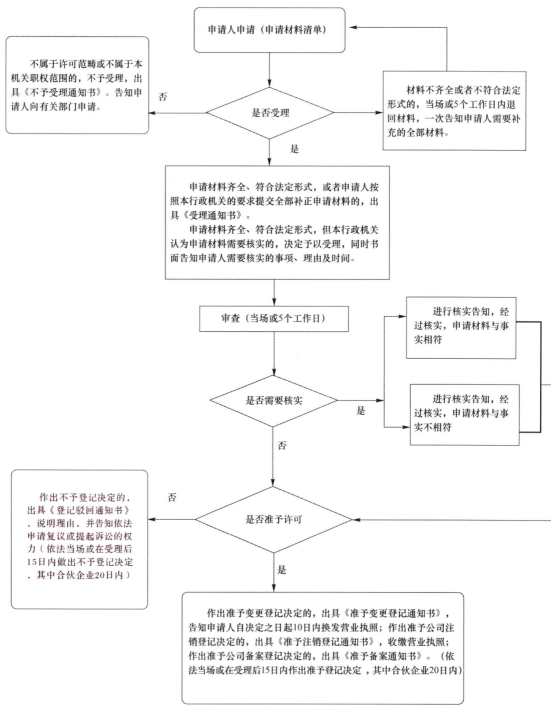

图2-25　非公司法人企业变更流程

四、个体工商户变更登记

（一）变更内容及提交材料规范

（1）经营者申请变更登记或换照的，应当提交其签署的《个体工商户变更（换照）登记申请书》。

（2）经营者的身份证复印件。

（3）经营者本人姓名、住所发生变更的，应当提交姓名、住所变更后的身份证复印件。

（4）个体工商户变更组成形式的，由个人经营变更为家庭经营的，应当提交居民户口簿或者结婚证复印件作为家庭成员亲属关系证明，同时提交其他参加经营家庭成员的身份证复印件，对其姓名及身份证号码予以备案。

（5）申请变更的经营范围中有法律、行政法规和国务院决定规定必须在登记前报经批准的项目，应当提交有关许可证书或者批准文件复印件。

（6）在同一登记机关辖区范围内申请经营场所变更的，提交新的经营场所使用证明。

（7）委托代理人办理的，还应当提交经营者签署的《委托代理人证明》及委托代理人身份证复印件。

以上各项未注明提交复印件的，应当提交原件；提交复印件的，应当注明"与原件一致"，并由个体工商户经营者或者由其委托的代理人签字。

（二）变更流程

个体工商户的变更相对简单，部分经济发达地区已经实现全程自助办理，只要按照相关规定和要求进行电子档案的上传即可。经济欠发达地区依然需要申请人准备相关的变更材料至政务服务大厅工商服务窗口进行办理。

任务三　企业工商注销

企业在成立初期，愿望都是美好的，都希望能够持续发展下去，但商海浮沉，谁也没有预知未来的本领，企业有可能变得更好，也有可能面临破产倒闭。无论是什么原因导致企业注销，都应该及时办理。公司不注销，危害很大。公司不注销的危害如图2-26所示。

图 2-26 公司不注销的危害

一、公司工商注销的设定依据

法律条款

《中华人民共和国公司法》第一百七十九条：公司合并或者分立，登记事项发生变更的，应当依法向公司登记机关办理变更登记；公司解散的，应当依法办理公司注销登记；设立新公司的，应当依法办理公司设立登记。公司增加或者减少注册资本，应当依法向公司登记机关办理变更登记。

第一百八十八条：公司清算结束后，清算组应当制作清算报告，报股东会、股东大会或者人民法院确认，并报送公司登记机关，申请注销公司登记，公告公司终止。

行政法规

《公司登记管理条例》第二条第一款：有限责任公司和股份有限公司（以下统称公司）设立、变更、终止，应当依照本条例办理公司登记。

第四条第一款：工商行政管理机关是公司登记机关。

第三十八条第一款：因合并、分立而存续的公司，其登记事项发生变化的，应当申请变更登记；因合并、分立而解散的公司，应当申请注销登记；因合并、分立而新设立的公司，应当申请设立登记。

第四十二条：有下列情形之一的，公司清算组应当自公司清算结束之日起 30 日内向原公司登记机关申请注销登记。……

第四十九条第一款：分公司被公司撤销、依法责令关闭、吊销营业执照的，公司应当自决定作出之日起30日内向该分公司的公司登记机关申请注销登记。

《企业法人登记管理条例》第十九条：企业法人分立、合并、迁移，应当在主管部门或者审批机关批准后30日内，向登记主管机关申请办理变更登记、开业登记或者注销登记。

第二十条：企业法人歇业、被撤销、宣告破产或者因其他原因终止营业，应当向登记主管机关办理注销登记。

《中华人民共和国合伙企业登记管理办法》第二十一条：合伙企业解散，依法由清算人进行清算。清算人应当自被确定之日起10日内，将清算人成员名单向企业登记机关备案。

二、公司工商注销的内容及流程

（一）公司工商注销的内容及申请材料提交规范

依法登记为有限责任公司和股份有限公司的，在公司出现因合并分立、吊销营业执照等原因导致公司终止经营的，在公司清算结束后，清算组应当制作清算报告，报股东会、股东大会或者人民法院确认，并报送公司登记机关，申请注销公司登记，公告公司终止。

注销公司登记，应在清税的基础上进行。也就是通常所说的先注销税务登记，再进行工商登记的注销办理。公司工商注销办理所需要提供的材料有下列几种：

（1）《公司注销登记申请书》。

（2）《指定代表或者共同委托代理人授权委托书》及指定代表或者委托代理人的身份证件复印件。

（3）公司依照《中华人民共和国公司法》做出解散的决议或者决定，人民法院的破产裁定、解散裁判文书，行政机关责令关闭或者公司被撤销的文件。

（4）股东会、股东大会、一人有限责任公司的股东或者人民法院、公司批准机关备案、确认清算报告的确认文件。

①有限责任公司提交股东会确认决议，股份有限公司提交股东大会确认决议。有限责任公司由代表三分之二以上表决权的股东签署；股份有限公司由股东大会会议主持人及出席会议的董事签字确认。

②国有独资公司提交国务院、地方人民政府或者其授权的本级人民政府国有资产监督管理机构的确认文件。

③一人有限责任公司提交股东签署的确认文件。

④股东会、股东大会、一人有限责任公司的股东或者人民法院、公司批准机关在清算报告上已签署备案、确认意见的，可不再提交此项材料。

⑤公司破产程序终结后办理注销登记的，不提交此项材料。

（5）经确认的清算报告。公司破产程序终结后办理注销登记的，不提交此项材料，而提交人民法院关于破产程序终结的裁定书。

（6）通过报纸公告的提交刊登公告的报纸样张；通过国家企业公示系统公告的提交公告信息样张。

（7）法律、行政法规规定应当提交的其他文件。

①国有独资公司申请注销登记，还应当提交国有资产监督管理机构的决定。其中，国务院确定的重要的国有独资公司，还应当提交本级人民政府的批准文件。

②设有分公司的公司申请注销登记，还应当提交分公司的注销登记证明。

温馨提示

1. 依照《中华人民共和国公司法》《公司登记管理条例》设立的公司申请注销登记适用本规范。

2. 因合并、分立而办理公司注销登记的，无须提交上述第（4）、（5）项材料，提交合并协议或分立决议、决定。

（8）公司营业执照正、副本。

（二）公司工商注销的流程

1. 股东（股东会、股东大会）决定（议）解散公司、成立清算组，明确组长

公司注销的股东决定（股东会、股东大会决议）如图 2-27 所示。

＿＿＿＿＿＿公司股东决定（股东会、股东大会决议）

根据《中华人民共和国公司法》及公司章程规定，本公司股东（股东会、股东大会）于＿＿＿年＿＿＿月＿＿＿日作出如下决定：

因＿＿＿＿＿＿＿＿原因，决定解散＿＿＿＿＿＿＿＿有限公司。自即日起成立公司清算组，由＿＿＿＿＿＿（姓名）共＿＿＿＿人组成，清算组负责人由＿＿＿＿＿＿担任。

股东签名（自然人）或盖章（单位）：

注：股份有限公司股东大会决议由会议主持人和出席会议的董事签字。

图 2-27　公司注销的股东决定（股东会、股东大会决议）

2. 到公司登记机关申请清算组备案

（1）公司清算组负责人签署的《公司登记（备案）申请书》。

（2）清算组负责人签署的《指定代表或者共同委托代理人授权委托书》及指定代表或委托代理人的身份证件复印件。

（3）有限责任公司提交股东会关于成立清算组的决议。股份有限公司提交股东大会关于成立清算组的股东大会记录（由股东大会会议主持人及出席会议的董事签字确认）。一人有限责任公司提交股东签署的关于成立清算组的书面文件。国有独资公司提交国务院、地方人民政府或者其授权的本级人民政府国有资产监督管理机构关于成立清算组的书面文件（加盖公章）。

人民法院组织清算的无须提交股东会决议，提交人民法院成立清算组的决定。

人民法院裁定解散的，还应提交法院的裁定文件。

依法被吊销营业执照、责令关闭或者被撤销的还应提交行政机关的相关决定。

> **温馨提示**
>
> 公司依照《中华人民共和国公司法》第一百八十条规定解散、按照《公司登记管理条例》第四十二条规定申请清算组成员备案适用本规范。公司经人民法院裁定进入破产程序的，不适用本规范。

（4）公司营业执照复印件。

3. 在报纸上发布注销公告

公司注销公告如图 2-28 所示。

注 销 公 告

_____公司股东（大）会于____年___月___日决议解散公司，并于同日成立了公司清算组。请公司债权人于本公告发布之日起45日内，向本公司清算组申报债权。

联系人：　　　　　　联系电话：

地　址：　　　　　　邮　编：

_____公司清算组

年　月　日

图 2-28　公司注销公告

4．到公司登记机关办理注销登记

注销需要提供的材料和规范前已述及，不再赘述。符合简易注销情形的企业还可以申请进行简易注销。

三、分公司工商注销的内容及流程

（一）分公司注销登记提交材料规范

（1）《分公司、分支机构、营业单位登记申请书》。

（2）《指定代表或者共同委托代理人授权委托书》及指定代表或委托代理人的身份证件复印件。

（3）分公司被依法责令关闭的，提交责令关闭的文件；被公司登记机关依法吊销营业执照的，提交公司登记机关吊销营业执照的决定。

（4）分公司营业执照正、副本。

注意：依照《中华人民共和国公司法》《公司登记管理条例》设立的分公司申请注销登记适用本规范。

（二）分公司注销工商登记流程

分公司的注销有两种情况：一种是随着公司的注销而注销，另一种是由于分公司被依法责令关闭或者吊销营业执照等而注销。

随公司注销而注销的，只需要提供相应的材料；如果是单独注销分公司的，需要携带上述规定材料，通过网络上传资料或者现场审核办理。

四、非公司法人注销工商登记

（一）非公司法人注销工商登记的内容及提交材料规范

非公司企业法人注销登记提交材料规范：

（1）《非公司企业法人注销登记申请书》。

（2）《指定代表或者共同委托代理人授权委托书》及指定代表或委托代理人的身份证件复印件。

（3）企业法人的主管部门（出资人）批准企业法人注销的文件，或者政府依法责令企业法人关闭的文件，或者人民法院对企业法人破产的裁定。

（4）法律、行政法规规定企业法人办理注销登记必须报经批准的，提交批准文件。

（5）企业法人的主管部门（出资人）或者清算组织出具的负责清理债权债务的文件或者清理债务完结的证明。

（6）企业法人营业执照正、副本。

（7）企业法人公章。

> **温馨提示**
>
> 1. 依照《企业法人登记管理条例》及《企业法人登记管理条例施行细则》设立的企业法人申请注销登记适用本规范。
> 2. 申请简易注销登记的，无须提交上述第（3）、（4）、（5）项材料，需要提交《全体投资人承诺书》（强制清算终结的企业提交人民法院终结强制清算程序的裁定，破产程序终结的企业提交人民法院终结破产程序的裁定）。

知识链接

营业单位、企业非法人分支机构注销登记提交材料规范：

1. 《分公司、分支机构、营业单位登记申请书》。
2. 《指定代表或者共同委托代理人授权委托书》及指定代表或委托代理人的身份证件复印件。
3. 被依法责令关闭的，提交责令关闭的文件。
4. 企业法人的登记机关出具的撤销分支机构核转函。
5. 营业执照正、副本。
6. 公章。

注意：依照《企业法人登记管理条例》设立的营业单位、企业非法人分支机构申请注销登记适用本规范。

（二）非公司法人注销工商登记的流程

非公司法人注销流程如图 2-29 所示。

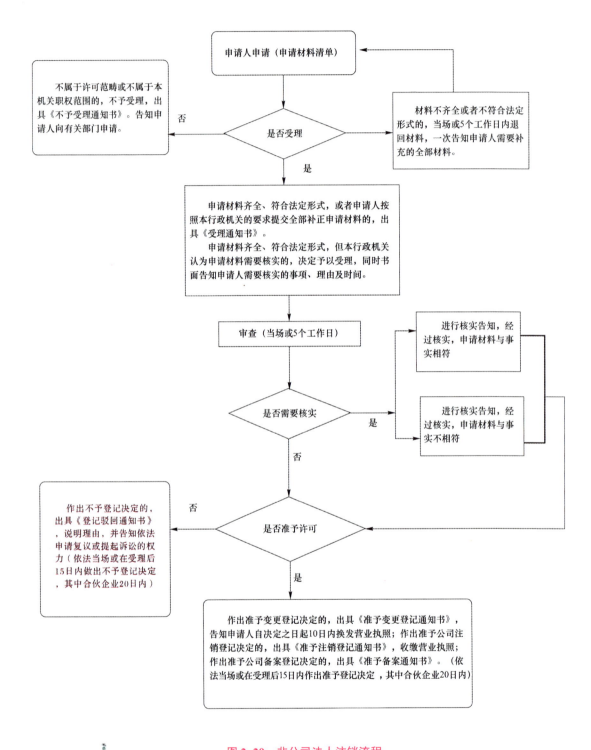

图 2-29 非公司法人注销流程

五、个体工商户注销登记

（一）个体工商户注销登记内容及应提交材料规范

山西省企业网上登记全程电子化操作说明

（1）经营者签署的《个体工商户注销登记申请书》。
（2）经营者的身份证复印件。
（3）已取得加载统一社会信用代码营业执照且在税务机关办理涉税事项的个体工商户申请注销登记，应当向登记机关提交税务机关出具的《清税证明》。
（4）委托代理人办理的，还应当提交经营者签署的《委托代理人证明》及委托代理人身份证复印件。

注意：以上各项未注明提交复印件的，应当提交原件；提交复印件的，应当注明"与原件一致"，并由个体工商户经营者或者由其委托的代理人签字。

（二）个体工商户注销流程

个体工商户注销，部分经济发达省份已经实现自主终端进行办理，如果当地工商行政管理部门没有开放网上办理或自助终端，在确保税务注销的前提下，携带相关材料到政务服务大厅的工商（销户）窗口办理。

项目三

代办企业税务登记

知识目标

○ 了解企业税务登记的意义
○ 了解企业税务登记的范围和规则
○ 了解企业税务登记相关业务的流程

技能目标

◇ 能根据公司实际需要，进行税务登记设立、变更及注销
◇ 能够牢记会计事务代理行业的规则及业务操作规范，保持职业谨慎

素质目标

1. 树立底线思维，坚持依法进行税务设立、变更及登记；
2. 坚持与时俱进，守正创新，不断提高信息化业务处理综合水平。

项目三　代办企业税务登记

思维导图

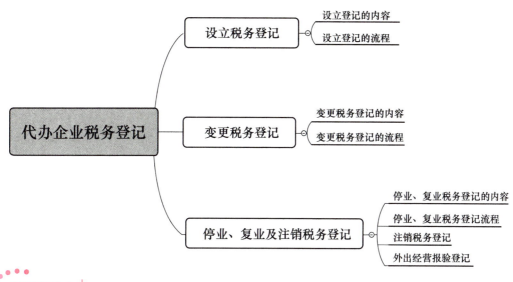

案例导入

三位理工科毕业生的创业梦想随着工商登记的委托代理变得触手可及，尝到甜头的他们一直关注该会计事务代理公司的公众号，在公众号里看到一则最新政策：

新公司成立六个月未办理税务登记的一律吊销营业执照，那么有人要问了，没登记税务，工商怎么会知道呢？告诉你：现在基于统一信用代码，多部门已经关联了，数据都是自动传送的，吊销了营业执照，法人同样也就被拉入黑名单了。

咨询热线：138××××××××。

他们又开始着急了，毕竟他们公司的设立登记已经办完有一段时间，于是他们赶紧拨打咨询热线，进行税务代理的委托咨询……

古人云：有的放矢，方能事半功倍。对此笔者深以为然。无论做什么事，我们都要有最基本的方向和原则，有了目标和方向，行动才更有力量。

到底什么情况需要企业进行税务登记呢？我们先来明确一下税务登记的范围。

企业税务登记的范围主要涉及两个方面：一是企业或是企业设在外地的分支机构和从事生产、经营场所，个体工商户和从事生产、经营的事业单位的税务登记；二是企业特定税种、纳税事项的税务登记。

《中华人民共和国税收征管法》明文规定：从事生产、经营的纳税人，必须在法定期限内依法办理税务登记。那么税务登记到底是什么？

税务登记，是指税务机关依据税法规定，对纳税人的经济活动进行登记，并据此对纳税人实施税务管理的一项法定制度。

税务登记的主管机关是县级以上税务主管部门。

税务登记根据登记内容不同，分为设立登记、变更登记、停复业登记、注销登记以及外出经营报验登记。接下来就分别从这几方面入手，进行介绍。

任务一 设立税务登记

一、设立登记的内容

（一）"五证合一、一照一码"新制度

1. 一般情况下的税务登记

2016年是国家大力推行简政放权的一年，2016年7月5日，国务院办公厅印发《关于加快推进"五证合一、一照一码"登记制度改革的通知》（以下简称《通知》），对在全面实施工商营业执照、组织机构代码证、税务登记证"三证合一"登记制度改革的基础上，再整合社会保险登记证和统计登记证，实现"五证合一、一照一码"做出部署。《通知》要求，从2016年10月1日起，正式实施"五证合一、一照一码"，在更大范围、更深层次实现信息共享和业务协同。

银行开户流程

税务报到

注意："五证合一"登记制度，并不意味着税务登记取消了，税务登记的法律地位依然存在，只是政府简政放权将此环节改为工商行政部门一口受理，由工商行政部门核发一个加载法人和其他组织统一社会信用代码的营业执照（以下简称营业执照），这个"身份证"式的存在，将于税务机关完成信息补录后，同样具备税务登记证的法律地位和作用。

那么，我们到底还需不需要去税务局？答案是：需要！

国家为了提高办事效率，将省级及以下的国税和地税进行了合并，由国家税务总局和各地方人民政府共同领导，深化"放管服"改革，一切改革，服务先行，因此，纳税人就不需要两头跑了。从2018年5月1日起，全国基本实现了国税地税业务在实体办税服务厅"一厅通办"、网上税务局"一网办理"和12366纳税服务热线"一键咨询"，让纳税人尽早享受改革带来的便利。

注意：当我们申领了上述的营业执照后，还是需要去所属地方税务局大厅（国税地税的办税大厅已合并）办理信息补录，比如，联系人及联系方式，企业经营范围，确定纳税主体资格（一般纳税人还是小规模纳税人），并由税务专管人员核定税种（国税主要核定增值税和所得税，地税主要核定除增值税和所得税以外的其他税种），填报企业相关核算制度和信息（主要包括企业会计准则的选用、折旧方法、成本核算方法等），实名登记企业法人代表和财务负责人等至少两人的信息。

2. 特殊情况

新设立企业、农民专业合作社领取由工商行政部门核发的营业执照后，无须再进行税

务登记，不再领取税务登记证。企业办理涉税事宜时，在完成补充信息采集后，凭加载统一代码的营业执照可代替税务登记证使用。

除以上情形外，其他税务登记按照原有法律制度执行。

过渡期间，尚未换发"五证合一、一照一码"营业执照的企业，原税务登记证件继续有效，如企业申请注销，税务机关按照原规定办理。也就是说新证新办法，老证老办法。

（二）代理税务登记操作规范

1. 申报注意事项

代理人以企业的名义向税务机关办理税务登记的申报注意事项如下：

（1）关于期限。企业在进行工商登记后，取得加载统一社会信用代码的营业执照后，30日内未去税务机关报到，不属于逾期登记。

（2）关于申请税务登记的原因和要求。应遵照被代理人意愿结合企业实际情况详细填写。

（3）关于材料。办理税务登记，需要准备的基本资料主要有下列几种：

（这是最多跑一次腿的重要内容，一定要牢记！）

①《税务登记表（适用单位纳税人）》；

②营业执照原件及复印件；

③公司章程原件及复印件；

④股东会决议原件及复印件；

⑤法定代表人（负责人）居民身份证、护照或其他证明身份的合法证件；

⑥企业会计制度原件及复印件；

⑦企业公章。

（4）条件报送。有特殊情况的企业，需要准备的材料如下：

①跨县（市）设立的分支机构办理税务登记时，还应报送总机构的税务登记证件复印件；

②改组改制企业还应报送有关改组改制的相关文件原件及复印件；

③汽油、柴油消费税纳税人还应报送生产企业基本情况表；生产装置及工艺路线的简要说明；企业生产的所有油品名称、产品标准及用途；

④外商投资企业还应报送商务部门批复设立证书原件及复印件；

⑤外国企业常驻代表机构还应报送注册地址及经营地址证明（产权证、租赁协议）原件及复印件。如为自有房产，应提供产权证或买卖契约等合法的产权证明原件及复印件；如为租赁的场所，应提供租赁协议原件及复印件，出租人为自然人的还应提供产权证明的原件及复印件。首席代表（负责人）护照或其他合法身份证件的原件及复印件。外国企业设立代表机构的相关决议文件及在中华人民共和国境内设立的其他代表机构名单（包括名称、地址、联系方式、首席代表姓名等）。

2. 代理填报《税务登记表》

根据《税务登记管理办法》（国家税务总局令第44号）第十二条规定："纳税人在申报办理税务登记时，应当如实填写税务登记表。"《税务登记表》有三种类型，分别适用于单位纳税人、个体经营纳税人、临时经营纳税人。

税务登记表的主要内容如下：

（1）单位名称、法定代表人或者业主姓名及其居民身份证、护照或者其他合法证件的号码；

（2）住所、经营地点；

（3）登记类型；

（4）核算方式；

（5）生产经营方式；

（6）生产经营范围；

（7）注册资金（资本）、投资总额；

（8）生产经营期限；

（9）财务负责人、联系电话；

（10）国家税务总局确定的其他有关事项。

代理人应当根据企业的经济类型在税务大厅或网上办税平台领取（下载）相应的登记表，填写完毕后将税务登记表及有关资料报送税务机关审核。适用于单位纳税人的税务登记表如表3-1所示，由税务机关填写内容如表3-2所示。

表3-1　税务登记

（适用单位纳税人）

填表日期：

纳税人名称				纳税人识别号	
登记注册类型				批准设立机关	
组织机构代码				批准设立证明或文件号	
开业（设立）日期		生产经营期限		证照名称	证照号码
注册地址			邮政编码		联系电话
生产经营地址			邮政编码		联系电话
核算方式	请选择对应项目打"√"　□独立核算　□非独立核算				从业人数_____ 其中外籍人数_____
单位性质	请选择对应项目打"√"　□企业　□事业单位　□社会团体　□民办非企业单位　□其他				
网站网址				国标行业	□□□□□□□□
适用会计制度	请选择对应项目打"√" □企业会计制度　□小企业会计制度　□金融企业会计制度　□行政事业单位会计制度				
经营范围				请将法定代表人（负责人）身份证件复印件粘贴在此处。	

续表

联系人	姓名	身份证件		固定电话	移动电话	电子邮箱
		种类	号码			
法定代表人（负责人）						
财务负责人						
办税人						
税务代理人名称		纳税人识别号		联系电话		电子邮箱
注册资本或投资总额	币种	金额		币种	金额	币种	金额

投资方名称	投资方经济性质	投资比例	证件种类	证件号码	国籍或地址

自然人投资比例		外资投资比例		国有投资比例	

分支机构名称	注册地址	纳税人识别号	

总机构名称			纳税人识别号	
注册地址			经营范围	
法定代表人姓名		联系电话	注册地址邮政编码	
代扣代缴代收代缴税款业务情况	代扣代缴、代收代缴税款业务内容		代扣代缴、代收代缴税种	

续表

附报资料:		
经办人签章: _____年___月___日	法定代表人（负责人）签章: _____年___月___日	纳税人公章: _____年___月___日

表3-2　由税务机关填写内容

纳税人所处街乡			隶属关系	
国税主管税务局		国税主管税务所（科）		是否属于国税、地税共管户
地税主管税务局		地税主管税务所（科）		
经办人（签章）: 国税经办人:_____ 地税经办人:_____ 受理日期: ___年___月___日	国家税务登记机关 （税务登记专用章）: 核准日期: ___年___月___日 国税主管税务机关:		地方税务登记机关 （税务登记专用章）: 核准日期: ___年___月___日 地税主管税务机关:	
国税核发《税务登记证副本》数量:		本　　发证日期:___年___月___日		
地税核发《税务登记证副本》数量:		本　　发证日期:___年___月___日		

国家税务总局监制

3．表单说明

（1）表3-1适用于各类单位纳税人填用。

（2）从事生产、经营的纳税人应当自领取营业执照，或者自有关部门批准设立之日起30日内，或者自纳税义务发生之日起30日内，到税务机关领取《税务登记表》，填写完整后提交税务机关，办理税务登记。

（3）办理税务登记应当出示、提供以下证件资料（所提供资料原件用于税务机关审核，复印件留存税务机关）：

①营业执照副本或其他核准执业证件原件及其复印件；

②组织机构代码证书副本原件及其复印件；

③注册地址及生产、经营地址证明（产权证、租赁协议）原件及其复印件。如为自有房产，请提供产权证或买卖契约等合法的产权证明原件及其复印件；如为租赁的场所，请

提供租赁协议原件及其复印件，出租人为自然人的还须提供产权证明的复印件；如生产、经营地址与注册地址不一致，请分别提供相应证明；

④公司章程复印件；

⑤有权机关出具的验资报告或评估报告原件及其复印件；

⑥法定代表人（负责人）居民身份证、护照或其他证明身份的合法证件原件及其复印件；复印件分别粘贴在税务登记表的相应位置上；

⑦纳税人跨县（市）设立的分支机构办理税务登记时，还须提供总机构的税务登记证（国、地税）副本复印件；

⑧改组改制企业还须提供有关改组改制的批文原件及其复印件；

⑨税务机关要求提供的其他证件资料。

（4）纳税人应向税务机关申报办理税务登记。完整、真实、准确、按时地填写此表。

（5）使用碳素或蓝墨水的钢笔填写本表。

（6）本表一式两份（国地税联办税务登记的本表一式三份）。税务机关留存一份，退回纳税人一份（纳税人应妥善保管，验换证时需携带查验）。

（7）纳税人在新办或者换发税务登记时应报送房产、土地和车船有关证件，包括：房屋产权证、土地使用证、机动车行驶证等证件的复印件。

（8）表中有关栏目的填写说明：

①"纳税人名称"栏：指企业法人营业执照或营业执照或有关核准执业证书上的"名称"。

②"注册地址"栏：指工商营业执照或其他有关核准开业证照上的地址。

③"生产经营地址"栏：填办理税务登记的机构生产经营地地址。

④"国籍或地址"栏：外国投资者填国籍，中国投资者填地址。

⑤"单位性质"栏：即经济类型，按营业执照的内容填写；不需要领取营业执照的，选择"民办非企业单位"；如为分支机构，按总机构的经济类型填写。

分类标准如下：

110 国有企业	120 集体企业	130 股份合作企业
141 国有联营企业	142 集体联营企业	143 国有与集体联营企业
149 其他联营企业	151 国有独资公司	159 其他有限责任公司
160 股份有限公司	171 私营独资企业	172 私营合伙企业
173 私营有限责任公司	174 私营股份有限公司	190 其他企业

210 合资经营企业（港或澳、台资）　　220 合作经营企业（港或澳、台资）

230 港、澳、台商独资经营企业　　240 港、澳、台商投资股份有限公司

310 中外合资经营企业　　320 中外合作经营企业

330 外资企业　　340 外商投资股份有限公司

400 港、澳、台商企业常驻代表机构及其他　　500 外国企业　　600 非企业单位

⑥"投资方经济性质"栏：单位投资的，按其登记注册类型填写；个人投资的，填写自然人。

⑦"证件种类"栏：单位投资的，填写其组织机构代码证；个人投资的，填写其身份证件名称。

⑧"国标行业"栏：按纳税人从事生产经营行业的主次顺序填写，其中第一个行业填写纳税人的主行业。

国民经济行业分类标准（GB/T 4754—2017）如下：

A－农、林、牧、渔业

01—农业　02—林业　03—畜牧业　04—渔业　05—农、林、牧、渔专业及辅助性活动

B－采矿业

06—煤炭开采和洗选业　07—石油和天然气开采业　08—黑色金属矿采选业

09—有色金属矿采选业　10—非金属矿采选业　11—开采专业及辅助性活动

12—其他采矿业

C－制造业

13—农副食品加工业　14—食品制造业　15—酒、饮料和精制茶制造业

16—烟草制品业　17—纺织业　18—纺织服装、服饰业

19—皮革、毛皮、羽毛及其制品和制鞋业

20—木材加工和木、竹、藤、棕、草制品业

21—家具制造业　　　　　　　　22—造纸和纸制品业

23—印刷和记录媒介复制业　　　24—文教、工美、体育和娱乐用品制造业

25—石油、煤炭及其他燃料加工业　26—化学原料和化学制品制造业

27—医药制造业　　　　　　　　28—化学纤维制造业

29—橡胶和塑料制品业

30—非金属矿物制品业　　　　　31—黑色金属冶炼和压延加工业

32—有色金属冶炼和压延加工业　33—金属制品业

34—通用设备制造业　　　　　　35—专用设备制造业　36—汽车制造业

37—铁路、船舶、航空航天和其他运输设备制造业　38—电气机械和器材制造业

39—计算机、通信和其他电子设备制造业

40—仪器仪表制造业　　　　　　41—其他制造业

42—废弃资源综合利用业　　　　43—金属制品、机械和设备修理业

D－电力、热力、燃气及水生产和供应业

44—电力、热力的生产和供应业　45—燃气生产和供应业

46—水的生产和供应业

E－建筑业

47—房屋建筑业　　　48—土木工程建筑业　　　49—建筑安装业

50—建筑装饰、装修和其他建筑业

F－批发和零售业

51—批发业　　　　　52—零售业

G－交通运输、仓储和邮政业

53—铁路运输业　　　　　　　　　　54—道路运输业
55—水上运输业　　　　　　　　　　56—航空运输业
57—管道运输业　　　　　　　　　　58—多式联运和运输代理业
59—装卸搬运和仓储业
H- 住宿和餐饮业
61—住宿业　　　　　　　　　　　　62—餐饮业
I－信息传输、软件和信息技术服务业
63—电信、广播电视和卫星传输服务　　64—互联网和相关服务
65—软件和信息技术服务业
J－金融业
66—货币金融服务　　　　　　　　　67—资本市场服务
68—保险业　　　　　　　　　　　　69—其他金融业
K－房地产业
70—房地产业
L－租赁和商务服务业
71—租赁业　　　　72—商务服务业
M－科学研究和技术服务业
73—研究和试验发展　　　　　　　　74—专业技术服务业
75—科技推广和应用服务业
N－水利、环境和公共设施管理业
76—水利管理业　　　　　　　　　　77—生态保护和环境治理业
78—公共设施管理业　　　　　　　　79—土地管理业
O－居民服务、修理和其他服务业
80—居民服务业　　　　　81—机动车、电子产品和日用产品修理业
82—其他服务业
P－教育
83—教育
Q－卫生和社会工作
84—卫生　　　　　　　　85—社会工作
R－文化、体育和娱乐业
86—新闻和出版业　　　　87—广播、电视、电影和录音制作业
88—文化艺术业　　　　　89—体育　　　　　90—娱乐业
S－公共管理、社会保障和社会组织
91—中国共产党机关　　　92—国家机构　　　93—人民政协、民主党派
94—社会保障　　95—群众社团、社会团体和宗教组织　96—基层群众自治组织
T－国际组织
97—国际组织

二、设立登记的流程

在本任务的最后，我们将设立税务登记的流程再进行一次简单的梳理，注意掌握关键词。

（一）现场办理流程

第一步，税务登记的前提是已经去政务大厅或工商行政相关部门申领了加载统一社会信用代码的营业执照；

第二步，携带上述营业执照副本及相关办事资料（详见上文），可以通过办税地图查找办税大厅，进行信息补充登记，完成纳税资格的认定及有关信息备案等工作；

第三步，与税务专管员进行对接，进行税种的核定及征收方法选定等后续工作。

需要说明的是，虽然国税地税的办税大厅已经合并，但是目前来看，业务还是分管的，所以应注意，在和相关税务专管员的对接过程中，一定弄清楚税种的核定和相应的征纳方式。

（二）网上办理流程

随着信息化程度越来越高，政府服务水平和能力不断提升，全国基本已经实现了税务登记的全程网上办理，如果是新办企业更可以直接通过"快速通道—新办纳税人套餐—税务登记"来办理税务登记，看到这里，大家是不是已经有了创业的想法呢？

任务二　变更税务登记

企业设立之后，所有创业者都希望能够持续经营下去，但是天有不测风云，商场如战场，唯一不变的就是不断变化。既然情况总在发生变化，那么企业也应该让税务机关了解并记住这些变化。

一、变更税务登记的内容

变更税务登记是指纳税人办理税务登记后，（由于各种原因）需要对原登记内容进行修改，而向税务机关申报办理的税务登记。

（一）变更税务登记适用范围

变更税务登记适用范围如表3-3所示。

表 3-3 变更税务登记适用范围

序号	变更内容
1	改变纳税人名称
2	改变法人代表
3	改变经济性质（企业的经济性质是指什么）
4	增设或撤销分支机构
5	改变住所或经营地点（涉及主管税务机关变动的办理注销登记）
6	改变生产、经营范围或经营方式
7	增减注册资本
8	改变隶属关系
9	改变生产经营期限
10	改变开户银行和账号
11	改变生产经营权属
12	改变其他税务登记内容

（二）变更税务登记管理规程

（1）领取"一照一码"营业执照的企业，生产经营地、财务负责人、核算方式信息由企业登记机关在新设立时采集，后续过程中这些信息发生变更的，企业应向主管税务机关申请变更；除上述信息外，企业在登记机关新设立时采集的信息发生变更的，均由企业向工商登记部门申请变更。

对于税务机关在后续管理过程中采集的其他必要涉税基础信息发生变更的，企业直接向主管税务机关申请变更即可。

（2）未领取"一照一码"营业执照的企业，申请变更登记或者申请换发营业执照的，税务机关应告知企业在登记机关申请变更，并换发加载统一社会信用代码的营业执照。原税务登记证由企业登记机关收缴、存档。企业"财务负责人""核算方式""经营地址"三项信息发生变更的，应直接向税务机关申请变更。

（3）个体工商户及其他机关批准设立的未列入"一照一码"登记范围主体的变更事项，按照以下业务规程操作：

①纳税人税务登记内容有变化的，应当向原税务机关申报办理变更税务登记，报送材料有：《变更税务登记表》、工商营业执照原件及复印件、纳税人变更登记内容的有关证明文件原件及复印件。

②税务登记情形发生变化的，但不涉及改变税务登记证件内容的纳税人，向原主管税务机关申报办理变更税务登记，报送材料有《变更税务登记表》、工商营业执照原件及复

印件、纳税人变更登记内容的有关证明文件原件及复印件。

注意：凡是变更，报送材料都一样——三大件。

③关于期限，牢记数字30天：无论变更信息是否需要到工商行政部门登记，都应当自有关机关批准或宣布变更之日起30日内，到原税务登记机关申报办理变更税务登记。

（三）代理变更税务登记操作要点

1. 代理变更税务登记申报

纳税人在工商行政机关办理变更登记的，应当自工商行政管理部门办理变更登记之日起30日内，向原税务机关如实提供下列证件、资料，申报办理变更税务登记：

（1）工商变更登记表及工商营业执照复印件；

（2）纳税人变更登记内容的决议及有关证明文件；

（3）《税务登记变更表》；

（4）其他有关资料。

注意：涉及证件内容变更的纳税人需提交：纳税人信息变更的证明文件原件及复印件。不涉及证件内容变更的纳税人需提交：

（1）《"多证合一"登记信息确认表》1份；

（2）纳税人信息变更的证明文件复印件（注明与原件一致，并加盖公章）。

2. 仅变更税务登记所需证件

纳税人按照规定不需要在工商行政管理机关办理变更登记，或者其变更登记的内容与工商登记内容无关的，应当自税务登记内容实际发生变化之日起30日内，或者自有关机关批准或宣布变更之日起30日内，到原税务登记机关申报办理变更税务登记即可。

3. 代理填写《变更税务登记表》提交税务机关审核

变更税务登记表如表3-4所示。

4. 表单说明

（1）表3-4适用于各类纳税人变更税务登记填用。

（2）报送此表时还应附送如下资料：

①变更税务登记内容与工商行政管理部门登记变更内容一致的应提交：

a．工商执照及工商变更登记表复印件；

b．纳税人变更登记内容的决议及有关证明文件；

c．主管税务机关发放的原税务登记证件（税务登记证正、副本和税务登记表等）；

d．主管税务机关需要的其他资料。

②变更税务登记内容与工商行政管理部门登记内容无关的应提交：

a．纳税人变更登记内容的决议及有关证明、资料；

b．主管税务机关需要的其他资料。

（3）变更项目：填需要变更的税务登记项目。

（4）变更前内容：填变更税务登记前的登记内容。

（5）变更后内容：填变更的登记内容。

（6）批准机关名称及文件：凡需要经过批准才能变更的项目须填写此项。

（7）本表一式两份，税务机关一份，纳税人一份。

5．领取变更后的税务登记证件及有关资料

代理人应及时到税务机关领取重新核发的税务登记证件及有关资料，送交企业存档。

表 3-4　变更税务登记表

纳税人名称			纳税人识别号		
变更登记事项					
序号	变更项目	变更前内容		变更后内容	批准机关名称及文件
送缴证件情况：					
纳税人　　　　　　　　　　　　　　　　　　　　　　　　　　　　　　　　　　　　　　　经办人：　　　　　　　　　法定代表人（负责人）：　　　　　　　　纳税人（签章）：　　　年　月　日　　　　　　　　年　月　日　　　　　　　　　　年　月　日					
经办税务机关审核意见：　　　经办人：　　　　　　　　　负责人：　　　　　　　　　　　　税务机关（签章）：　　　年　月　日　　　　　　　　年　月　日　　　　　　　　　　年　月　日					

二、变更税务登记的流程

变更税务登记的流程如图 3-1 所示。

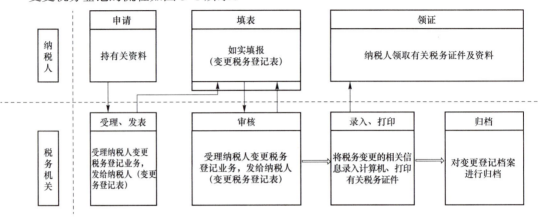

图 3-1 变更税务登记的流程（现场办理）

任务三 停业、复业及注销税务登记

一、停业、复业税务登记的内容

实行定期定额征收方式的个体工商户需要停业的，应当在停业前向税务机关申报办理停业登记。停业期限将满，应当于恢复生产、经营之前，办理复业登记，以便纳入正常管理。

除定期定额征收的个体工商户外，比照定期定额户进行管理的个人独资企业，以及暂停经营均可办理停业、复业税务登记业务。

注意：可能发生停业、复业的只是实行定额征收方式的个体工商户，如果是法人企业，可不能这么随意。

（一）停业、复业税务登记管理规程

停业、复业登记的办理时限

（1）纳税人应当在停业前申报办理停业登记，停业期不得超过1年。停业期超过1年的，认定为注销企业，应办理注销登记。纳税人未按规定向主管税务机关申请停业登记的，视同未停止生产经营。纳税人在停业期间发生纳税义务的，应依法申报缴纳税款。

（2）纳税人准期复业或提前复业的，应当于恢复生产经营前，向税务机关申报办理复业登记。

（3）纳税人停业期满不能及时恢复生产经营的，应当在停业期满前向税务机关提出延长停业登记申请。

纳税人在申报办理停业登记时，应如实填写《停业复业（提前复业）报告书》，说明停业理由、停业期限、停业前的纳税情况和发票的领、用、存情况，并结清应纳税款、滞纳金和罚款，交回税务登记证件（一照一码）及副本、发票领购簿、未使用完的发票和其他税务证件，给税务机关收存。

（二）代理停业、复业税务登记操作要点

1. 代理停业登记申报

代理人以纳税人的名义向主管税务机关办理停业登记，根据纳税人的停业原因，在停业前如实填报《停业复业（提前复业）报告书》，详细填写停业期限、缴回发票情况、缴存税务资料情况和结清税款情况等，并报送相关证明文件，交回税务登记证件及副本、发票领购簿、未使用完的发票和其他税务证件给税务机关收存。

不同省份地区对停业、复业办理的要求不同，但整体来讲都进行了流程和材料的精简，而且该业务也在大部分省份和地区被列入了"不见面清单""最多跑一次腿清单"中，以下材料仅作为参考，具体办理请参照当地税务局官网相应要求：

（1）《停业复业报告书》（2份），此表提供免填单服务，仅需签字确认。

（2）税务登记证件（1份），税务机关收存。

以下为条件报送资料：

（1）已办理领用票种核定的纳税人，报送发票领用簿，停业时税务机关收存，复业时发还。

（2）持有未验旧或未使用的发票的纳税人，报送未验旧、未使用的发票，停业时税务机关验旧。

2. 代理领取停业登记的相关文书

经税务机关核准后，代理人代理领取"核准停业通知书"等文件。

3. 代理复业登记申报

恢复生产经营前，代理人应代理申报复业申请，携带停业时填报审批后的《停业复业（提前复业）报告书》，领回税务机关收存的税务登记证件及副本、发票领购簿、未使用完的发票和其他税务证件，交还纳税人继续启用。

二、停业、复业税务登记流程

停业登记流程如图3-2所示，复业登记流程如图3-3所示。

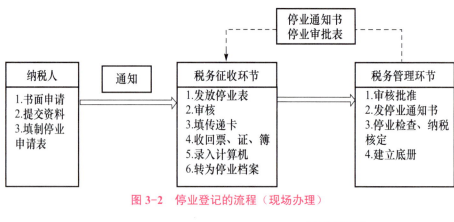

图 3-2 停业登记的流程（现场办理）

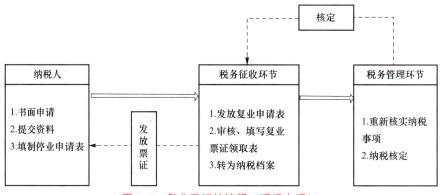

图 3-3 复业登记的流程（现场办理）

三、注销税务登记

都说注销难，难于上青天。可见对于企业税务注销登记，必须引起足够的重视。企业不注销的危害极大，除了可能会面临高额的罚款和补缴税款等惩罚，还会给相关人员的征信带来严重的影响，一旦进入黑名单，可能寸步难行！

根据《税务登记管理办法》，需要进行税务注销的有如下三种情况：

（1）纳税人发生解散、破产、撤销及其他情形，依法终止纳税义务的，应当在向工商行政管理机关或者其他机关办理注销登记前，持有关证件和资料向原税务登记机关申报办理注销税务登记；

（2）纳税人因住所、经营地点变动，涉及改变税务登记机关的，应当在向工商行政管理机关或者其他机关申请办理变更、注销登记前，或者住所、经营地点变动前，持有关证件和资料，向原税务登记机关申报办理注销税务登记；

（3）境外企业在中国境内承包建筑、安装、装配、勘探工程和提供劳务的，应当在项目完工、离开中国前15日内，持有关证件和资料，向原税务登记机关申报办理注销税务登记。

（一）注销税务登记的内容

1. 注销税务登记管理规程

（1）已实行"五证合一、一照一码"登记模式的企业办理注销税务登记，须先向主管税务机关申报清税，填写《清税申请表》。企业可以向主管税务机关提出清税申报，税务机关受理后应将企业清税申报信息同时传递给另一方税务机关，主管税务机关按照各自职责分别进行清税，限时办理。

清税完毕后，将本部门的清税结果信息反馈给受理税务机关，由受理税务机关根据主管税务机关清税结果向纳税人统一出具《清税证明》，并将信息共享到交换平台。

注意：并不是所有企业注销都需要做清税处理，关于清税，出现以下两种情况的时候，注销前是不需要进行清算所得税的：

①纳税人因住所、经营地点变动，涉及改变税务登记机关的而进行税务登记注销时，一般是不需要进行企业所得税清算的。

除企业将登记注册地转移至中华人民共和国以外（包括港澳台地区）应进行企业所得税清算，其他仅涉及企业登记注册地在中国境内转移的，不需要进行企业所得税清算。

②企业发生的因法律形式的简单转变一般也不需要进行企业所得税的清算，比如，企业由有限责任公司变更为股份有限公司，就无须进行企业所得税的清算。

企业由法人转为个人独资企业、合伙企业等非法人组织除外。

（2）未换发"五证合一、一照一码"营业执照的企业申请注销税务登记按照以下规程操作：

①纳税人发生解散、破产、撤销及其他情形，依法终止纳税义务的，应当在向工商行政管理机关或其他机关办理注销登记前，持有关证件和资料向原税务登记机关申报办理注销税务登记；按规定不需要在工商行政管理机关或其他机关办理注册登记的，应当自有关机关批准或宣告终止之日起15日内，持有关证件和资料向原税务登记机关申报办理注销税务登记。

②纳税人被工商行政管理机关吊销营业执照或被其他机关予以撤销登记的，应当自营业执照被吊销或被撤销登记之日起15日内，向原税务机关申报办理注销税务登记。

③纳税人因住所、经营地点变动，涉及改变税务登记机关的，应当在向工商行政管理机关或其他机关申请办理变更、注销登记前，或者住所、经营地点变动前，持有关证件和资料，向原税务登记机关申报办理注销税务登记，并自注销税务登记之日起30日内向迁达地税务机关申报办理税务登记。

④境外企业在中国境内承包建筑、安装、装配、勘探工程和提供劳务的，应当在项目完工、离开中国境内前15日内，持有关证件和资料，向原税务登记机关申报办理注销税务登记。

⑤纳税人办理注销税务登记前，应当向税务机关提交相关证明文件和资料，结清应纳税款、多退（免）税款、滞纳金和罚款，缴销发票、税务登记证件和其他税务证件，经税务机关核准后，办理注销税务登记手续。

2. 代理注销税务登记操作要点

（1）代理注销税务登记申报。

税务师应按照规定的期限以纳税人的名义向税务机关办理注销税务登记申报，填报《公司注销登记申请书》并提交相关证明文件和资料。

（2）代理填报《公司注销登记申请书》。

公司注销登记申请书如表3-5所示。

表3-5　公司注销登记申请书

名称			注册号／统一社会信用代码	
公司类型			清算组备案通知书文号	
注销原因	□公司章程规定的营业期限届满或其他解散事由出现； □股东决定、股东会、股东大会决议解散； □因公司合并或者分立需要解散； □依法被吊销营业执照、责令关闭或者被撤销； □人民法院依法予以解散； □公司被依法宣告破产； □法律、行政法规规定的其他解散情形：_____。			
对外投资清理情况	□已清理完毕	□无对外投资	分公司注销登记情况	□已办理完毕　　□无分公司
债权债务清理情况	□已清理完毕	□无债权债务		
清税情况	□已清理完毕	□未涉及纳税义务		
公告情况	公告报纸名称		公告日期	
有关文书领取方式	□由指定代表或者共同委托代理人至窗口领取。 □委托中国邮政速递物流股份有限公司××市分公司代为领取，并邮寄。			
申请人声明	本公司依照《中华人民共和国公司法》《公司登记管理条例》申请注销登记，提交材料真实有效。 签字：　　　　　　　　　　　　　　　　　　　　　　　　　　公司盖章 　　　　　　　　　　　　　　　　　　　　　　　　　　　　　年　月　日			

（3）表单说明。

注意：以下"说明"供填写《公司注销登记申请书》参照使用，不需向登记机关提供。

①本申请书适用于有限责任公司、股份有限公司向公司登记机关申请注销登记。

②公司申请注销登记，已清算的，"申请人声明"由公司清算组负责人签署；因公司合并、分立未清算的，"申请人声明"由公司法定代表人签署；破产程序终结办理注销的，"申请人声明"由破产管理人签署。

③申请人提交的申请书应当使用A4型纸。依本表打印生成的，使用黑色钢笔或签字笔签署；手工填写的，使用黑色钢笔或签字笔工整填写、签署。

根据企业的实际情况填写《公司注销登记申请书》，经企业盖章后报送税务机关办理审批手续。将已领购的或已购未用的发票领购簿等税收票证交回税务机关审验核销。

（4）代理领取注销税务登记的有关批件。

税务机关在纳税人结清全部纳税事项后，核发《注销税务登记通知书》。税务师应及时到税务机关领回有关注销税务登记的批件、资料，交给纳税人。

（二）注销税务登记的流程

企业注销税务登记流程如图3-4所示。

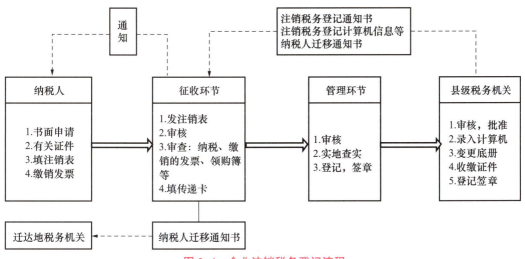

图3-4　企业注销税务登记流程

四、外出经营报验登记

（一）外出经营报验的一般要求

纳税人外出经营的税收管理包括纳税人外出经营活动的税收管理和外埠纳税人经营活动的税收管理。

纳税人到外埠销售货物的,《外出经营活动税收管理证明》有效期限一般为 30 日；到外埠从事建筑安装工程的,有效期限一般为 1 年,因工程需要延长的,应当向核发税务机关重新申请。

（二）纳税人外出经营活动税收管理程序

纳税人外出经营报验登记流程如图 3-5 所示。

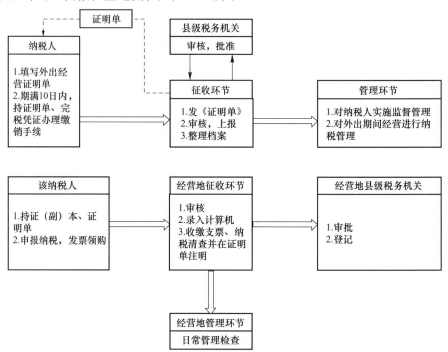

图 3-5　纳税人外出经营报验登记流程

项目四

代理纳税事项税务登记

知识目标

○ 了解企业增值税一般纳税人申请的意义
○ 了解企业增值税一般纳税人资格认定、税种认定的条件、范围和规则
○ 掌握企业增值税一般纳税人认定业务的流程和代理操作要点
○ 了解代理税种认定的管理规程和操作要点

技能目标

◇ 能根据公司实际需要，进行企业增值税一般纳税人资格的认定及税种的认定登记
◇ 能够牢记会计事务代理行业的规则及业务操作规范，保持职业谨慎

素质目标

1. 牢固树立依法纳税理念，做到业务办理的合法合规；
2. 树立大局意识，做好代理人、委托人及国家利益的平衡。

思维导图

- 代理纳税事项税务登记
  - 增值税一般纳税人资格认定登记
    - 法律依据
    - 增值税一般纳税人资格认定登记
  - 代理税种认定登记
    - 税种认定登记管理规程
    - 代理税种认定登记操作要点

案例导入

三位理工科毕业生的创业梦想实现了，他们通过代理记账公司的工商和税务登记代理，顺利实现了"祥云空气净化有限责任公司"的设立。在税务登记过程中，会计事务代理相关人员问道："您的公司是否要申请增值税一般纳税人资格的认定？"他们都比较茫然，希望相关工作人员先进行详细介绍，再谨慎选择。进行增值税一般纳税人资格认定有什么好处呢？

相关工作人员先说："增值税是针对企业在生产经营过程中的增值额进行纳税的，自2016年5月1日全面实行'营改增'后，基本上所有的交易都可以开具增值税发票，如果是一般纳税人企业，就可以按照取得专用发票的税额进行进项税额的抵扣，当然，如果企业经营良好，规模超过了小规模纳税人认定标准，您不想成为一般纳税人都不行啦！"

随着信息化程度越来越高，政府服务企业的水平也越来越强，许多以前需要跑断腿的业务现在可能只跑一次腿或者压根儿无须跑腿，直接在家就可以操作。增值税一般纳税人资格认定就属于后者，基本全国范围内都实现了全程网上办理，具体办理路径可参考如下方式：如果为新办企业，可以直接走快速通道—新办纳税人套餐—纳税人类型选择；如果是原小规模纳税人申请一般纳税人资格，可以通过"常用功能—全部—一般纳税人登记"。

业务办理方式的可选择性越来越多，可操作性越来越强，但究竟为什么我们要选择增值税一般纳税人进行登记，还是很有必要进行了解的。接下来先来了解一下什么是增值税一般纳税人资格认定登记。

任务一　增值税一般纳税人资格认定登记

一、法律依据

为响应国家"大众创业，万众创新"的号召，企业注册认缴制的推行，使企业数量如雨后春笋般增加，如何对如此庞大的企业群开展服务，说到底就是要按规矩办事，无规矩不成方圆。在进行增值税一般纳税人认定的同时，作为代理从业人员，一定要清楚背后的法律依据。

（1）《中华人民共和国增值税暂行条例》（2017年中华人民共和国国务院令第691号）第十三条。

（2）《中华人民共和国增值税暂行条例实施细则》（2008年财政部国家税务总局令第50号）第三十二条。

（3）《增值税一般纳税人登记管理办法》（2017年国家税务总局令第43号）全文。

（4）《国家税务总局关于印发〈增值税一般纳税人纳税辅导期管理办法〉的通知》（国税发〔2010〕40号）第三条、第五条、第六条。

（5）《国家税务总局关于发布〈航空运输企业增值税征收管理暂行办法〉的公告》（国家税务总局公告2013年第68号）第十五条。

（6）《国家税务总局关于发布〈电信企业增值税征收管理暂行办法〉的公告》（国家税务总局公告2014年第26号）第十二条。

（7）《国家税务总局关于界定超标准小规模纳税人偷税数额的批复》（税总函〔2015〕311号）全文。

（8）《国家税务总局关于"三证合一"登记制度改革涉及增值税一般纳税人管理有关事项的公告》（国家税务总局公告2015年第74号）全文。

（9）《国家税务总局关于全面推开营业税改征增值税试点有关税收征收管理事项的公告》（国家税务总局公告2016年第23号）全文。

（10）《国家税务总局关于加快推行办税事项同城通办的通知》（税总发〔2016〕46号）全文。

二、增值税一般纳税人资格认定登记

（一）增值税一般纳税人资格认定登记管理规程

（1）符合增值税一般纳税人条件的企业，应在向税务机关办理税务登记的同时，申请办理一般纳税人资格认定手续；已开业经营的增值税小规模企业（商业零售企业除外），若当年应税销售额超过增值税小规模纳税人标准的,应在次年 1 月底之前,申请办理增值税一般纳税人资格认定手续。

(2)企业申请办理增值税一般纳税人资格认定手续,应向所在地主管国税局提出书面申请,说明企业的经济形式、生产经营范围、产品名称及用途、企业注册资本、会计核算等问题,经税务机关审核后填写如表 4-1 所示的增值税一般纳税人登记表。

表 4-1　增值税一般纳税人登记表

纳税人名称			社会信用代码 (纳税人识别号)		
法定代表人 (负责人、业主)		证件名称及号码		联系电话	
财务负责人		证件名称及号码		联系电话	
办税人员		证件名称及号码		联系电话	
税务登记日期					
生产经营地址					
注册地址					
纳税人类别:企业□　非企业性单位□　个体工商户□　其他□					
主营业务类别:工业□　商业□　服务业□　其他□					
会计核算健全:是□					
一般纳税人生效之日:当月 1 日□　　次月 1 日□					
纳税人(代理人)承诺: 　　会计核算健全,能够提供准确税务资料,上述各项内容真实、可靠、完整。如有虚假,愿意承担相关法律责任。 　　经办人:　　　　法定代表人:　　　　代理人:　　　　　　　(签章) 　　　　　　　　　　　　　　　　　　　　　　　　　　　　　　年　月　日					
以下由税务机关填写					
税务 机关 受理 情况	受理人:　　　　　　　　　　　　　　　　　　　受理税务机关(章) 　　　　　　　　　　　　　　　　　　　　　　　年　月　日				

填表说明:

①本表由纳税人如实填写。

②表中"证件名称及号码"相关栏次,根据纳税人的法定代表人、财务负责人、办税人员的居民身份证、护照等有效身份证件及号码填写。

③表中"一般纳税人生效之日"由纳税人自行勾选。

④本表一式两份，主管税务机关和纳税人各留存一份。

（3）企业总、分支机构不在同一县市的，应分别向其机构所在地主管税务机关申请办理一般纳税人资格认定登记手续。企业总机构已被认定为增值税一般纳税人的，其分支机构可持总机构为增值税一般纳税人的证明，向主管税务机关申请认定为增值税一般纳税人。除商业企业以外，纳税人总分支机构实行统一核算，其总机构年应税销售额超过增值税小规模企业标准，但分支机构年应税销售额未超过增值税小规模企业标准的，其分支机构可申请办理增值税一般纳税人资格认定手续。在办理认定手续时，须提供总机构所在地主管税务机关批准其总机构为增值税一般纳税人的证明。

（4）主管税务机关在为纳税人办理增值税一般纳税人登记时，纳税人税务登记证件上不再加盖"增值税一般纳税人"戳记。经主管税务机关核对后退还纳税人留存的《增值税一般纳税人资格登记表》，可以作为证明纳税人具备增值税一般纳税人资格的凭据。对从事商业经营的新办企业和小规模企业，一般是先认定为"增值税临时一般纳税人"，经过3个月或半年时间的考核后，再转为正式的增值税一般纳税人。

（5）新办小型商贸企业是指新办小型商贸批发企业。由于新办小型商贸批发企业尚未进行正常经营，对其增值税一般纳税人资格，一般情况下需要经过一定时间的实际经营才能审核认定。对新办工业企业增值税一般纳税人资格的认定，主管税务机关也应及时组织对纳税人的实地查验，核实是否拥有必要的厂房、机器设备和生产人员，是否具备增值税一般纳税人财务核算条件。

在2004年6月30日前已办理税务登记并正常经营的属于增值税小规模纳税人的商贸企业，按其实际纳税情况核算年销售额实际达到180万元后，经主管税务机关审核，可直接认定为增值税一般纳税人，不实行辅导期一般纳税人管理。

（6）增值税纳税人的分类与认定。由于增值税实行凭增值税专用发票抵扣税款的制度，因此要求增值税纳税人会计核算健全，并能够准确核算销项税额、进项税额和应纳税额。

为了严格增值税的征收管理，将纳税人按其经营规模大小及会计核算健全与否划分为增值税一般纳税人和增值税小规模纳税人。对增值税一般纳税人实行凭发票扣税的计税方法；对增值税小规模纳税人规定简便易行的计税方法和征收管理办法。

注意：增值税小规模纳税人和一般纳税人资格的认定条件如下：

①增值税小规模纳税人的认定。从事货物生产或提供应税劳务的纳税人，以及以从事货物生产或提供应税劳务为主，并兼营货物批发或零售的纳税人，年应税销售额在50万元（含）以下；从事货物批发或零售的纳税人，年应税销售额在80万元（含）以下；提供应税服务的纳税人，应税服务年销售额在500万元（含）以下；年应税销售额超过增值税小规模纳税人标准的其他个人、非企业性单位和不经常发生应税行为的企业，视同增值税小规模纳税人。

②增值税一般纳税人的认定。年应税销售额超过财政部、国家税务总局规定的增值税小规模纳税人认定标准的企业和企业性单位（以下简称"企业"），均为增值税一般纳税人；应税服务年销售额超过财政部和国家税务总局规定标准的纳税人；年应税销售额未超过标准

的商业企业以外的其他增值税小规模纳税企业，会计核算健全，能准确核算销项税额、进项税额和应纳税额，并按规定报送有关税务资料的，经企业申请，税务部门可将其认定为增值税一般纳税人；纳税人总、分支机构实行统一核算，其总机构年应纳税销售额超过增值税小规模纳税企业标准，但分支机构年应税销售额未超过增值税小规模纳税企业标准的，其分支机构可申请办理一般纳税人资格认定手续，但须提供总机构所在地税务机关批准其总机构为增值税一般纳税人的证明；试点实施前应税服务年销售额未超过500万元的试点纳税人，如符合相关规定条件，也可以向主管税务机关申请增值税一般纳税人资格认定。

（二）代理增值税一般纳税人资格认定登记操作要点

（1）针对《增值税一般纳税人申请认定表》的主要内容，代理人员应要求企业提供有关资料，如企业设立的合同、章程，营业执照，企业已实现销售的情况，会计、财务核算的原始资料等。

对企业可能实现或已经实现的年度应税销售额，企业会计、财务处理的方法和管理制度，企业财务人员的办税能力能否具备增值税一般纳税人的条件等问题，写出有关增值税一般纳税人资格认定登记的核查报告，作为《增值税一般纳税人申请认定表》的附件，报送主管税务机关。

（2）对于税务机关审核后认定为正式增值税一般纳税人的企业，代理人员可将《增值税一般纳税人申请认定表》交企业存档，并告知增值税一般纳税人办税的要求。如果企业暂被认定为临时增值税一般纳税人，应指导企业准确核算增值税的进项税额、销项税额，待临时增值税一般纳税人期满后，向税务机关提出转为正式增值税一般纳税人的申请。

（3）纳税人在办理税务登记时，可以按预计销售额填写，经主管税务机关审核后，认定为增值税一般纳税人，享有增值税一般纳税人的所有权利与义务。一个会计年度结束后，纳税人根据实际经营情况，据实填写《增值税一般纳税人申请认定表》，交主管税务机关审核。

（三）一般纳税人资格认定现场办理流程

1. 纳税人办理时限

年应税销售额未超过小规模纳税人标准的纳税人（含新开业），可以向主管税务机关申请一般纳税人登记。

已开业的小规模纳税人，年应税销售额超过小规模纳税人标准的纳税人，应在申报期结束后15个工作日内向主管税务机关申请一般纳税人登记。

未按规定时限办理的，主管税务机关应当在规定期限结束后5个工作日内制作《税务事项通知书》，告知纳税人应当在5个工作日内向主管税务机关办理登记手续。

2. 税务机关办理时限

纳税人提供资料完整、填写内容准确、各项手续齐全、符合受理条件的，当场办结。

3. 办理流程及申请资料

一般纳税人资格认定现场办理流程如图4-1所示。

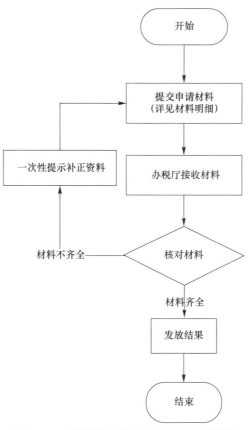

图 4-1 一般纳税人资格认定现场办理流程

申请材料如下：

（1）《增值税一般纳税人登记表》1 份，提供免填单服务；

（2）加载统一社会信用代码的营业执照或登记证件 1 份，实名认证免报送。

任务二 代理税种认定登记

税种认定登记是在纳税人办理了开业税务登记和变更税务登记之后，由县级以上主管税务局，根据纳税人的生产经营项目，进行适用税种、税目、税率的鉴定，以指导纳税人、扣缴义务人办理纳税事宜。一般情况下，会有专门的税务管理人员进行专业的核定，代理公司及人员应当保持与税务专管人员的对接。

一、税种认定登记管理规程

（1）纳税人应在领取营业执照后和申报纳税之前，到主管税务机关的征收管理部门申请税种认定登记,填写《纳税人税(费)种认定表》(见表4-2)。纳税人如果变更税务登记的内容涉及税种、税目、税率变化的,应在变更税务登记之后重新申请税种认定登记,并附送申请报告。

表4-2 纳税人税(费)种认定表

纳税人识别号							纳税人名称						
行业													
行业明细													
增值税企业类型							增值税经营类别						
增值税纳税人类型							营改增纳税人类型						
征收项目	征收品目	子目	申报期限	纳税(费)期限	缴款期限	预缴期限	预缴方式	税率或单位税额	征收率	预征率	征收方式	预算科目	预算级次	预算分配比例	收款国库	认定有效期起	认定有效期止
认定人								认定日期						
认定税务机关														

填表说明:
①该表适用于税务机关鉴定纳税人的征收项目;
②同一纳税人涉及多个税种的应分税种填写表格;
③本表一式一份,由税务机关填写后留存。
以上内容纳税人必须如实填写,如内容发生变化,应及时办理变更登记。

(2)税务机关对纳税人报送的《纳税人税(费)种认定表》及有关资料进行审核,也可根据实际情况派人到纳税人的生产经营现场调查之后,对纳税人适用的税种、税目、税率、纳税期限、纳税方法等做出确认,在《纳税人税(费)种认定表》的有关栏目中注明,或者书面通知纳税人税种认定结果,以此作为办税的依据。

二、代理税种认定登记操作要点

(1)在进行代理税种认定登记时,代理人应在核查纳税人有关资料的基础上,结合纳税事项深入调查，特别是对于增值税企业的混合销售行为，兼营的纳税事项，生产加工应税消费品的企业消费税适用税目、税率的纳税事项，以及商品出口企业、高新技术企业的认定，应详细核查纳税人的合同、章程有关的批文和证件，会计科目处理及原始凭证等资料，逐一核实认定后，再向主管税务机关提交核查报告和《纳税人税（费）种认定表》，履行申报手续。

（2）在取得主管税务机关税种认定的通知之后，代理人应指导纳税人具体的办税事宜。如果纳税人对税务机关的认定提出异议，应进一步调查并提出意见，提交主管税务机关重新加以认定。

（3）在代理过程中，一定要做好与税务专管人员的对接，及时根据企业实际情况进行调整和报告，为纳税人争取最大化的经济利益。

项目五

代理发票申领和使用

知识目标

○ 了解发票的种类和适用范围
○ 掌握增值税专用发票的内容和填开要求
○ 掌握代理发票领购的管理规程
○ 掌握代理发票审查事务的操作

技能目标

◇ 能根据公司实际需要，进行代理发票领购、发票填开及发票审查
◇ 能够牢记会计事务代理行业的规则及业务操作规范，保持职业谨慎

素质目标

1. 牢固树立依法办事理念，严格按照法律法规要求进行发票的申领、开具及作废；
2. 培养迎难而上、攻坚克难的精神，突破红字发票开具的难点。

项目五 代理发票申领和使用

思维导图

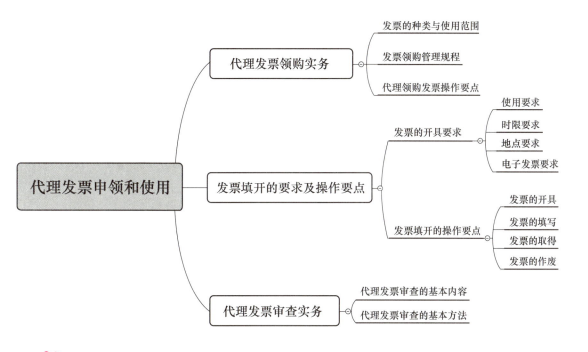

案例导入

近日，国家税务总局深圳市税务局汇总信息显示，一起纵跨河北、深圳、上海和沈阳等地的特大虚开增值税发票案成功收网。目前，税务、公安、海关、银行等部门已联手揪出涉案犯罪团伙14个，捣毁犯罪窝点32个，抓获犯罪嫌疑人50名，锁定涉案企业上千户，确定涉案金额近百亿元。作为四部门联合启动打击虚开增值税发票骗取退税两年专项行动后的首记重锤，此次行动在多地产生了震慑性影响。

祥云空气净化有限责任公司经过一段时间的经营，取得了不错的经营业绩，看到这则消息，心有余悸。几个合伙人当即决定委托代理记账公司对其2018年10—12月的发票使用情况进行审查。

代理税务师通过增值税应交税费明细分类账与增值税专用发票抵扣联等进项原始凭证核对、其他业务收入与开出发票的记账联核对等方法，发现以下问题：

2018年10月筹建期内采购低值易耗品从某商场取得增值税专用发票未附"销货清单"2份。

2018年10—12月销售边角余料取得其他业务收入7 400元，已作销售处理，但是开具企业事业单位往来结算收据，属于以非经营性票据结算经营性收入。

祥云空气净化有限责任公司经过业务的代理，最终顺利对发票的问题进行了合规审查和处理，几个合伙人悬着的心终于落地了。

那么，我们的代理人员究竟是如何帮助祥云空气净化有限责任公司进行发票的管理呢？一起来了解一下吧！

任务一　代理发票领购实务

发票作为重要的原始凭证，承载着经济业务发生及完成的经济信息，发票管理的好坏，直接影响企业经营效率的高低。

发票是指一切单位和个人在购销商品、提供或接受劳务、服务，以及从事其他经营活动时，所提供给对方的收付款的书面证明。

它是财务收支的法定凭证，是会计核算的原始凭据，也是税务检查的重要依据。

想要办好代理发票领购事宜，首先要了解发票的种类与适用范围、税务机关有关发票管理权限的划分、发票领购的管理制度等各项规定，根据纳税人适用的发票种类和领购发票的方式，办理发票领购事宜。

一、发票的种类与使用范围

发票种类繁多，其主要是按行业特点和纳税人的生产经营项目分类，每种发票都有特定的使用范围。大家最熟悉的应该是增值税发票，但是请大家注意，增值税发票也不只有专用发票（一式三联），还包括增值税普通发票（电子发票）、机动车销售统一发票等。

（一）增值税专用发票

增值税专用发票只限于增值税一般纳税人领购使用，增值税小规模纳税人不得领购使用。包括用于结算销售货物、提供应税劳务、销售服务、无形资产或者不动产使用的发票。根据《关于修订〈增值税专用发票使用规定〉的通知》（国税发〔2006〕156号），一般纳税人有下列情形之一的，不得领购开具增值税专用发票：

（1）会计核算不健全，不能向税务机关准确提供增值税销项税额、进项税额、应纳税额数据及其他有关增值税税务资料的。

（2）有《税收征管法》规定的税收违法行为，拒不接受税务机关处理的。

（3）有下列行为之一，经税务机关责令限期改正而仍未改正的：

①虚开增值税专用发票；

②私自印制增值税专用发票；

③向税务机关以外的单位和个人买取增值税专用发票；

④借用他人增值税专用发票；

⑤未按规定开具增值税专用发票；

⑥未按规定保管增值税专用发票和专用设备；

⑦未按规定申请办理防伪税控系统变更发行；

⑧未按规定接受税务机关检查。

（4）销售的货物全部属于免税项目者。

（5）从2007年7月1日起，一般纳税人经营商业零售的烟、酒、食品、服装、鞋帽（不包括劳保专用的部分）、化妆品等消费品不得开具增值税专用发票。

注意：从2003年8月1日起，增值税一般纳税人必须通过防伪税控系统开具增值税专用发票。

（6）根据国家税务总局公告（〔2008〕第1号）规定，自2009年1月1日起，从事废旧物资回收经营业务的增值税一般纳税人销售废旧物资，不得开具印有"废旧物资"字样的增值税专用发票。纳税人取得的2009年1月1日以后开具的废旧物资专用发票，不再作为增值税扣税凭证。

（7）自2016年1月1日起，增值税一般纳税人提供货物运输服务，使用增值税专用发票和增值税普通发票。

（二）增值税普通发票

增值税普通发票主要由增值税小规模纳税人使用，增值税一般纳税人在不能开具专用发票的情况下也可使用普通发票。不过普通发票只有两联，一联为记账凭证，一联为发票联，取得增值税普通发票是不可以进行进项税额抵扣的。

（三）专业发票

专业发票是国有金融、保险企业的存贷、汇兑、转账凭证、保险凭证；国有邮政、电信企业的邮票、邮单、电报收据；国有铁路、民用航空企业和交通部门、国有公路、水上运输企业的客票、货票等。经国家税务总局或省、市、自治区税务机关批准，专业发票可由政府主管部门自行管理，不套印税务机关的统一发票监制章，也可根据税收征管的需要纳入统一发票管理。

（四）电子发票

根据国家税务总局公告（〔2015〕第84号）规定，自2015年12月1日起在全国推行通过增值税电子发票系统开具增值税电子普通发票。增值税电子普通发票的开票方和售票方需要纸质发票的，可以自行打印增值税电子普通发票的版式文件，其法律效力、基本用途、基本使用规定等与税务机关监制的增值税普通发票相同。

增值税电子普通发票的发票代码为12位，编码规则：第1位为0，第2~5位代表省、自治区、直辖市和计划单列市，第6~7位代表年度，第8~10位代表批次，第11~12位代表票种（11代表增值税电子普通发票）。发票号码为8位，按年度、分批次编制。

（五）机动车销售统一发票

根据《国家税务总局关于使用新版机动车销售统一发票有关问题的通知》（国税函〔2006〕479号）的有关规定，在开具"机动车销售统一发票"（见图5-1）时应在发票联加盖财务专用章或发票专用章，抵扣联和报税联不得加盖印章。经与公安部协商，决定从2006年10月1日起，"机动车销售统一发票"注册登记联一律加盖开票单位印章。

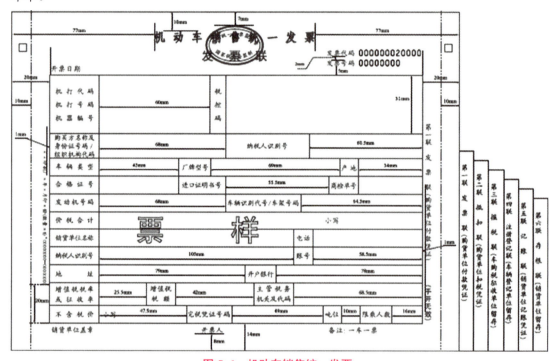

图5-1　机动车销售统一发票

二、发票领购管理规程

（一）发票领购的适用范围

（1）依法办理税务登记的单位和个人，可以申请领购发票，属于法定的发票领购对象；如果单位和个人办理变更或注销税务登记，则应同时办理发票和发票领购簿的变更、缴销手续。

（2）依法不需要办理税务登记的单位，发生临时经营业务需要使用发票的，可以凭单位介绍信和其他有效证件，到税务机关代开发票。

（3）临时本省、自治区、直辖市以外从事经营活动的单位和个人，凭所在地税务机关开具的《外出经营活动税收管理证明》，在办理纳税担保的前提下，可向经营地税务机关申请领购经营地的发票。

（二）发票领购手续

领用发票的单位和个人，在向主管税务机关办理发票领用手续后，按照发票票种核定的信息，可在税务机关核定范围内领用发票。

根据《国家税务总局关于普通发票行政审批取消和调整后有关税收管理问题的通知》（国税发〔2008〕15号）规定，取消增值税普通发票领购行政审批事项，纳税人领购增值税普通发票的审核将作为税务机关一项日常发票管理工作。

纳税人办理了税务登记后，即具有领购增值税普通发票的资格，无须办理行政审批事项。纳税人可根据经营需要向主管税务机关提出领购增值税普通发票申请。主管税务机关接到申请后，应根据纳税人生产经营等情况，确认纳税人使用发票的种类、联次、版面金额及购票数量。

确认期限为5个工作日，确认完毕，通知纳税人办理领购发票事宜。需要临时使用发票的单位和个人，可以直接向税务机关申请办理发票的开具。

对于跨省、市、自治区从事临时经营活动的单位和个人申请领购发票，税务机关应要求提供保证人，或者缴纳不超过1万元的保证金，并限期缴销发票。

1．政策依据

（1）《中华人民共和国发票管理办法》；

（2）《国家税务总局关于修改〈中华人民共和国发票管理办法实施细则〉的决定》（国家税务总局令第37号）；

（3）《国家税务总局关于发布纳税信用管理办法（试行）的公告》（国家税务总局公告2014年第40号）；

（4）《国家税务总局关于推行通过增值税电子发票系统开具的增值税电子普通发票有关问题的公告》（国家税务总局公告2015年第84号）；

（5）《国家税务总局关于修订增值税专用发票使用规定的通知》（国税发〔2006〕156号）；

（6）《税务系统首问责任制度（试行）》（税总发〔2014〕59号）；

（7）《国家税务总局关于创新税收服务和管理的意见》（税总发〔2014〕85号）；

（8）《国家税务总局关于加强增值税发票数据应用防范税收风险的指导意见》（税总发〔2015〕122号）；

（9）《国家税务总局关于推行实名办税的意见》（税总发〔2016〕111号）；

（10）《国家税务总局关于印发〈"互联网＋税务"行动计划〉的通知》（税总发〔2015〕113号）。

2．办理资料

大厅办理必须报送资料：

（1）经办人身份证明1份（实名办税可免报送）；

（2）《发票领用簿》1份。

条件报送资料：

（1）经办人变更还应报送：经办人身份证明复印件。

（2）领用增值税专用发票、机动车销售统一发票、增值税普通发票和增值税电子普通发票的纳税人还应报送：金税盘（税控盘）、报税盘。

（3）领用税控收款机发票的还应报送：税控收款机用户卡。

3．办理方式

办理方式如图5-2所示。

图5-2　办理方式

4．办理流程

办理流程如图5-3所示。

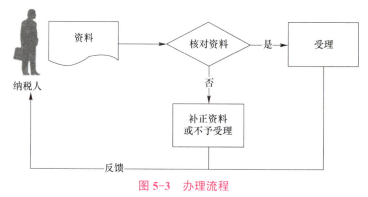

图5-3　办理流程

5．办理时限

纳税人办理时限：无。

税务机关办理时限：纳税人提供资料完整、各项手续齐全、符合受理条件的，当场办结。

三、代理领购发票操作要点

（一）代理自制发票审批程序与操作要点

《发票管理办法实施细则》规定，凡有固定生产经营场所、财务核算和发票管理制度健全、发票使用量较大的单位,可以申请印制印有本单位名称的发票即自制发票。如果统一发票式样不能满足业务需要,也可以自行设计本单位的发票式样,报经省级以上税务机关批准到指定的印刷厂印制。自制发票仅限于增值税普通发票。

(1)要求用票单位根据业务特点和经营需要,设计发票式样,预计使用数量。

(2)代理填写《印有本单位名称发票印制表》(见表5-1),写明所需发票的种类、名称、格式、联次和需求数量,连同发票式样一同提交主管税务机关审批。

表5-1 印有本单位名称发票印制表

纳税人识别号			纳税人名称					
印制理由								
发票名称	本(份)数	每本份数	金额版	文字版	规格	联次	纸质	装订方式
填表日期(签章)								

(3)取得税务机关核准的《发票印制通知书》后,到指定的印刷厂印制。发票印制完毕,代理人员应指导用票单位建立发票领用存的管理制度,按季度向主管税务机关报送《发票领用存情况季报表》。

(4)根据《国家税务总局关于办理印有企业名称发票变更缴销手续问题的批复》(国税函〔2008〕929号)的规定,印有企业名称的发票,在企业办理变更税务登记的同时,办理发票变更手续,并重新办埋印有企业名称发票的行政审批手续。

主管税务机关向企业下达限期缴销旧版发票的通知,在缴销限期未满之前旧版发票可继续使用。具体缴销限期,由主管税务机关根据企业用票情况确定。完成印有企业名称发票的行政审批手续后,办理企业印制新版发票和变更发票领购簿手续,办理企业领购新版发票事宜,并按期缴销旧版发票。

(二)代理统印发票领购操作要点

1. 统印发票的领购方式

统印发票的领购有以下三种方式。

(1)批量供应。税务机关根据用票单位业务量对发票需求量的大小,确定一定时期内的合理领购数量,用量大的可以按月领购,用量不太大的可以按季领购,防止其积存较多发票而引起管理上的问题。这种方式主要适用于财务制度较健全、有一定经营规模的纳税人。

（2）交旧购新。用票单位交回旧的（即已填用过的）发票存根联，经主管税务机关审核后留存，才允许领购新发票。主管税务机关对旧发票存根联进行审核，主要查看其存根联是否按顺序号完整保存，作废发票是否全部缴销，填开的内容是否真实、完整、规范等。

（3）验旧购新。这种方式与交旧购新基本相同，主要区别是税务机关审验旧发票存根以后，由用票单位自己保管。

后两种方式适用于财务制度不太健全、经营规模不大的单位和个体工商户，以便税务机关能及时检查并纠正其发票使用过程中出现的问题。

2. 代理统印发票领购操作要点

领用发票的单位和个人，在向主管税务机关办理发票领用手续后，按照发票票种核定的信息，可在税务机关核定范围内领用发票。

（1）税务师应根据用票单位适用的发票领购方式办理发票领购手续。在初次办理发票的领购时，应填写《发票领购申请审批表》，经核准后，持《普通发票领购簿》、单位公章、经办人印章等到主管税务机关办理发票领购手续，按规定缴纳发票工本费，并取得收据。

（2）发票领购以后，税务师应将其与《普通发票领购簿》记载的种类、数量、起止号码进行核对，确认无误后交给用票单位并履行签收手续。

（3）对于再次领购发票的用票单位，税务师应按税务机关发票保管与使用的规定，认真审查发票存根联的各项内容，对于发现的问题应提示用票单位予以纠正后，再按用票单位适用的购票方式办理发票领购手续。

（4）对于用票单位已经发生的发票丢失、发票使用不符合规范等问题，税务师应指导用票单位向主管税务机关提交检查报告，并办理有关手续。

（三）增值税专用发票最高限额的申请

（1）增值税专用发票（增值税税控系统）实行最高开票限额管理。最高开票限额由纳税人申请，区县税务机关依法审批。纳税人申请最高开票限额时，需填报《增值税专用发票最高开票限额申请单》。

主管税务机关受理纳税人申请以后，根据需要进行实地查验。纳税人申请专用发票最高开票限额不超过10万元的，主管税务机关不需事前进行实地查验。

（2）主管税务机关对辅导期纳税人实行限量限额发售专用发票。实行纳税辅导期管理的小型商贸批发企业，领购专用发票的最高开票限额不得超过10万元；其他纳税人专用发票最高开票限额应根据企业实际经营情况重新核定。

需要提交的材料有：《税务行政许可申请表》1份和《增值税专用发票最高开票限额申请单》1份。

办理流程如图5-4所示：

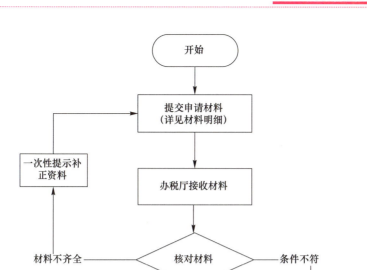

图 5-4　增值税专用发票最高开票限额办理流程

1. 发票的基本内容有哪些？

《发票管理办法实施细则》规定：发票的基本内容包括发票的名称、发票代码和号码、联次及用途、客户名称、开户银行及账号、商品名称或经营项目、计量单位、数量、单价、大小写金额、开票人、开票日期、开票单位（个人）名称（章）等。

2. 什么是发票的分类代码？

发票的分类代码是为了便于发票的识别而按照一定规律设置的一组12位的号码，统一印制在发票右上角的第一排，发票分类代码是区分新旧版发票的重要标志。

3. 什么是发票号码？

发票号码是为了便于发票的管理，防止发票的造假等违法行为而在发票上按照一定规律设置的8位顺序号码，统一印制在发票的右上角，排在分类代码的下方。

任务二　发票填开的要求及操作要点

代理人员在代理建账建制、办理账务，开展税务咨询、受聘税务顾问等业务过程中，必然涉及企业在经济业务往来中如何开具和取得发票的问题。发票管理直接关系到经营的风险控制和经营效率的提升，因此，对于发票的开具要求和填开的操作要点也是会计事务代理人员必须掌握的内容。

发票领购与开具

一、发票的开具要求

（一）发票开具使用的要求

任何填开发票的单位和个人必须在发生经营业务并确认营业收入时，才能开具发票，未发生经营业务一律不得开具发票；不得转借、转让或代开发票；未经税务机关批准，不得拆本使用发票，即不能将一本发票拆成一份一份使用；不得自行扩大专用发票的使用范围，如将增值税专用发票用于非增值税一般纳税人。

（二）发票开具时限的要求

增值税专用发票开具的时限如表 5-2 所示。

表 5-2　增值税专用发票开具的时限

结算方式	开票时限
预收货款、托收承付、委托银行收款	货物发出的当天
交款发货结算	收到货款的当天
赊销、分期付款结算方式	合同约定的收款日期的当天
将货物交给他人代销	收到受托人送交的代销清单的当天
设有两个以上机构并实行统一核算的纳税人，将货物从一个机构移送其他机构用于销售，按照规定应当征收增值税的	货物移送的当天
将货物作为投资提供给其他单位或个体经营者；将货物分给股东或投资者的	货物移送的当天
注意：增值税一般纳税人必须按照上述规定的时限开具增值税专用发票，不得提前或滞后	

（三）发票开具地点的要求

发票限于领购单位和个人在本省（直辖市、自治区）范围内开具，有些省级税务机关规定仅限于在本县、市内开具；有些省级税务机关虽然规定在本省（直辖市、自治区）跨县、市开具，但附有限定条件。任何单位和个人未经批准，不得跨规定使用区域携带、邮寄或运输发票，更不得携带、邮寄或运输发票出入国境。

（四）电子计算机开具发票的要求

用票单位使用电子计算机开具发票，必须报经主管税务机关批准，并使用税务机关统一监制的机外发票，即经税务机关批准的在定点印制发票企业印制的供电子计算机开具的发票。同时，开具后的存根联应当按照顺序号装订成册，以备税务机关检查。

二、发票填开的操作要点

（一）发票的开具

任何单位和个人销售商品、提供服务及从事经营活动时，对外发生经营业务收取款项，收款方应当向付款方开具发票。

特殊情况下，由付款方向收款方开具发票：①收购单位和扣缴义务人支付个人款项的；②国家税务总局认为其他需要由付款方向收款方开具发票的。

（二）发票的填写

开具发票应当按照规定的时限、顺序、逐栏、全部联次一次性如实填开，即必须做到按号码顺序填开，填写项目齐全，内容真实，字迹清楚，全部联次一次性复写或打印，内容完全一致，并在发票联和抵扣联加盖发票专用章。填写专用发票还要求字迹不得涂改；票面品名与货物相符，票面金额与实际收取的金额相符；各项目内容正确无误；按照《增值税专用发票使用规定（试行）》第六条所规定的时限开具专用发票；不得拆本使用专用发票，以及不得开具票样与国家税务总局统一制定的票样不相符的专用发票。同时，填写发票应当使用中文；民族自治地方可以同时使用当地通用的一种民族文字；外商投资企业和外国企业可以同时使用一种外国文字。

（三）发票的取得

为了便于进行会计核算，任何单位和从事生产经营活动的个人在购买商品、接受服务，以及从事其他经营活动时支付款项，应当向收款方索取发票。

根据《发票管理办法》规定，在取得发票时，不得要求变更品名和金额。同时，不符合规定的发票，即应经而未经税务机关监制的发票；填写项目不齐全，内容不真实，字迹不清楚的发票；没有加盖发票专用章的发票；伪造、作废及其他不符合税务机关规定的发票，一律不得作为财务报销凭证，任何单位和个人有权拒收。

（四）发票的作废

用票单位和个人开具发票发生错填、误填等需要重新开具发票的，可在原发票上注明

"作废"字样后,重新开具发票;如果发生销货退回需开红字发票,必须收回原发票并注明"作废"字样或取得对方的有效证明;发生销售折让的,必须收回原发票并注明"作废"字样后,重新开具销售发票或取得对方有效证明后开具红字发票。开具增值税专用发票填写有误的,应当另行开具,并在误填的专用发票上注明"误填作废"4个字;如增值税专用发票开具后因购货方不索取而成为废票,也应按填写有误办理。

知识链接

四步搞定红字发票开具的难题

1. 哪些情况需要开具红字发票?

只有发生销货退回、开票有误、应税服务终止等情形但不符合发票作废条件或者销货部分退回及发生销售折让才能开具红字发票。

目前增值税普通发票、增值税电子普通发票、机动车销售统一发票不需要开具《红字信息表》,在开票系统中直接开具红字发票。只有增值税专用发票申请红字发票时,需要开具《红字信息表》。

2. 如何开具红字增值税专用发票?

增值税专用发票开具红字发票的申请流程分为三步:填开并上传《红字信息表》、接收校验通过信息表、销售方开具红字专用发票。纳税人可以通过金税盘或税控盘两种开票系统进行申请操作。

第一步:填开并上传《红字信息表》

两种申请方式:购买方申请和销售方申请。

(1) 购买方申请。

①购买方取得专票已抵扣情形:购买方在增值税发票管理新系统中填开并上传《红字信息表》,在填开《红字信息表》时不填写相对应的蓝字专用发票信息。

购买方在当期申报时依据《红字信息表》所列增值税税额从当期进项税额中转出,待取得销售方开具的红字专用发票后,与《红字信息表》一并作为记账凭证。

注意:购买方已经抵扣进项发票的选择"已抵扣";购买方于非申报期已认证通过但是未申报抵扣进项发票的,依然是选择"已抵扣",待申报期时需要申报抵扣该笔进项税额。

②购买方取得专票未申报抵扣情形:购买方取得专用发票未申报抵扣,且发票联或抵扣联无法退回的,购买方可在开票系统中填开并上传《红字信息表》,填开《红字信息表》时应填写对应的蓝字专用发票信息。

注意:购买方未申报抵扣进项发票的选择"未抵扣"。

(2) 销售方申请。

销售方开具专用发票尚未交付购买方,以及购买方未用于申报抵扣并将发票联及抵扣联退回的,销售方可在开票系统中填开并上传《红字信息表》,销售方填开《红字信息表》时应填写相对应的蓝字专用发票信息。

红字发票的开具如图5-5所示。

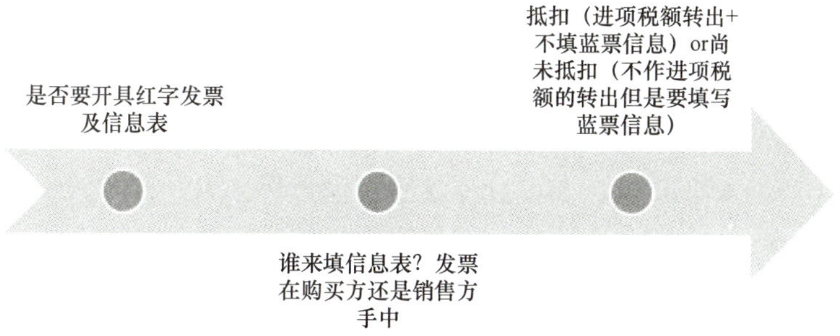

| 是否要开具红字发票及信息表 | 谁来填信息表？发票在购买方还是销售方手中 | 抵扣（进项税额转出+不填蓝票信息）or尚未抵扣（不作进项税额的转出但是要填写蓝票信息） |

图 5-5　红字发票的开具

第二步：接收校验通过信息表

主管税务机关通过网络接收纳税人上传的《红字信息表》，系统自动校验通过后，生成带有"红字发票信息表编码"的《红字信息表》，并将信息同步至纳税人端系统中。

纳税人也可凭《红字信息表》电子发票信息或纸质资料到税务机关对《红字信息表》内容进行系统校验。

注意：填错的信息表未上传时，可直接在开票系统中作废；一旦上传成功，纳税人端便不能修改或撤销。应凭《开具红字增值税专用发票信息表》全部联次和《作废红字发票信息表申请表》（加盖公章）到办税服务厅办理信息表的作废。

第三步：销售方开具红字专用发票

销售方凭税务机关系统校验通过的《红字信息表》开具红字专用发票，在新系统中以销项负数开具，红字专用发票应与《红字信息表》一一对应。

注意：没有上传成功的信息表可以重复进行上传，上传成功也审核通过的信息表，在没有开具负数发票的前提下可以重新下载。

3．小规模纳税人代开的专用发票，如何开具红字？

税务机关为小规模纳税人代开专用发票，需要开具红字专用发票的，按照一般纳税人开具红字专用发票的方法处理。纳税人请携带已开具发票各联次、开具红字发票的书面证明材料、经办人身份证明（经办人变更的还需提供复印件），到税务机关窗口办理。

4．开具红字增值税普通发票注意事项

纳税人需要开具红字增值税普通发票的，销售方必须收回原发票并注明"作废"字样或取得对方有效证明，通过开票系统开具对应红字发票。提示：可以在所对应的蓝字发票金额范围内开具多份红字发票。

电子发票系统不支持作废操作，发生退货、电子发票开具有误等情况，开票人应通过开具红字发票进行冲减。电子发票开具红字发票，需要与对应的物流、资金流信息一致。

任务三 代理发票审查实务

发票审查是税收检查的重要内容和发票管理的重要环节。税务师开展发票审查任务属于用票单位自查,可以有效地指导用票单位的发票管理,减少纳税风险。

一、代理发票审查的基本内容

代理发票审查一般不单独进行,而是代理人员在计算填报纳税申报表和办理发票领购手续之前所做的准备工作。当然,在审查纳税情况时,代理发票审查也是不可缺少的环节。

代理人员接受纳税人委托进行发票审查时,首先应明确发票审查的目的和要求,以及审查的对象和范围,然后深入纳税人的生产经营场所进行实地审查。

(一)代理增值税普通发票审查操作要点

1. 审查发票基础管理情况

发票基础管理工作状况直接影响发票的使用、保管等各个环节的管理成效。发票基础管理工作包括用票单位发票管理人员的配备、发票存放的安全性、发票取得与开具管理环节的严密性等。

2. 审查发票领购、发放、保管情况

对发票领购环节主要审查发票领购的手续是否合法,有无私印、私售发票的问题;对发票发放环节主要审查发票的发放是否符合规定的范围,是否按序时登记并有领取人的签收手续;对发票保管环节主要审查发票存根、库存未用的发票是否保存完整,账面数与实际库存数是否相等,有无发生丢失、霉烂等情况;已用的发票存根联及作废发票是否完整保存,是否按规定登记并报税务机关销毁。

3. 审查发票使用情况

代理人员审查发票的使用情况,主要从以下三个方面入手:

(1)审查发票开具内容是否真实,即票面各项内容所反映的业务是否为用票单位的真实情况。

(2)审查发票有无超经济范围填开的问题,填开的方法是否符合规定要求,如发票各栏项目的填写是否准确无误、各联次是否一次性开具、是否加盖了财务专用章或发票专用章、大小写金额是否封顶等。

(3)审查发票取得是否符合发票管理制度的规定,有无转借、代开或虚开发票的问题。对于从中国境外取得的发票如有疑问,可要求纳税人提供境外公证部门或注册会计师的确认证明。

（二）代理增值税专用发票审查操作要点

增值税专用发票是纳税人经济活动中的重要原始凭证，是兼记销货方纳税义务和购货方进项税额的合法证明，对增值税的计算和管理起着决定性的作用。因此，做好增值税专用发票的代理审查工作，对保证纳税人正确核算应纳税额是十分重要的。增值税专用发票的审查除上述审查普通发票的操作要点以外，还应侧重以下几个方面：

1. 增值税专用发票开具的范围

审查发生销售免税项目、在境外销售应税劳务、向消费者销售应税项目时，用票单位是否有开具增值税专用发票的问题。

2. 增值税专用发票抵扣联的取得

对用票单位取得增值税专用发票的时间、内容、税额计算等方面进行详细核查，凡属于未按规定取得增值税专用发票的情况，应提示纳税人不得计算抵扣进项税额。

3. 增值税专用发票的缴销

为了保证增值税专用发票的安全使用，纳税人要按规定的期限缴销，如从开具第一张专用发票的时间算起至60天内要办理缴销手续。对于填开有误的增值税专用发票在加盖"误填作废"的条形专用章后予以缴销。

二、代理发票审查的基本方法

审查发票的方法要本着实事求是的原则，其目的是帮助纳税人严格按照发票管理制度的规定取得和开具发票，保证原始凭证的合法性与真实性。

（一）对照审查法

对照审查法，简单理解就是账实核对。是将出票单位发票使用的实际情况与《发票领购簿》及发票领用存的情况核对，审查私印发票、丢失发票、转借发票、虚开发票、代开发票、使用作废发票和超经营范围填开发票的问题。

（二）票面逻辑推理法

票面逻辑推理法是根据发票各个栏目所列内容之间、发票与用票单位有关经济业务之间的关系进行分析审核，从中发现问题的一种审查方法。具体操作过程，可表现为以下三种：

1. 利用发票的各项内容之间的逻辑关系进行分析审核

发票所列各项内容之间，有其内在的逻辑关系或规律性，如果违背了这些规律，就说明发票使用存在问题。例如，增值税专用发票中购、销双方的名称纳税人识别号有着直接的对应关系；根据销售货物或劳务的名称可以确定适用税率；根据计算单价、数量、单位、金额、税率和税额之间的逻辑关系可以推断金额和税额的计算有无错误等。

2. 利用发票和企业经济业务的关系进行分析审核

发票与企业的购销业务有着直接的联系，而购销业务与企业存货数量及货币资金（包括债权、债务）的增减变化有着一定的对应关系，利用这一逻辑关系可以审查发票使用有无问题。

首先，取得发票的金额与存货、费用增加额，货币资金减少额，流动负债增加额呈同步变化趋势；其次，填开发票的金额与存货减少额、货币资金或应收债权增加额呈同步变化趋势。如果企业取得或填开的发票与购销业务之间的关系违背了上述规律，在数量、金额上的逻辑关系不符，就有可能存在问题，需进一步审查核实。

（三）发票真伪鉴别方法

在实际工作中，用票单位和个人往往会遇到真伪发票的鉴别问题。因此，学会鉴别真伪发票的方法，对于指导纳税人依法取得合法有效的结算凭证，保护自身的经济利益是十分有益的。

1. 普通发票真伪鉴别方法

（1）发票监制章是识别发票真伪的法定标志之一，全国统一启用的新版发票的"发票监制章"，其形状为椭圆形，上环刻制"全国统一发票监制章"字样，下环刻制"税务局监制"字样，中间刻制国税、地税税务机关所在地的省、市全称或简称，字体为正楷，印色为大红色，套印在发票联的票头正中央。

（2）从发票联底纹、发票防伪专用纸等方面识别。这些防范措施也是识别发票真伪的重要依据。

（3）采用发票防伪鉴别仪器，识别是否为统一的防伪油墨。

2. 增值税专用发票真伪鉴别方法

为鉴别增值税专用发票的真伪，首先应了解其防伪措施，然后，采取特定的审查方法来鉴别其真伪。

（1）对照光线审查增值税专用发票的发票联和抵扣联，查看是否为国家税务总局统一规定的带有水印图案的防伪专用纸印制。

（2）用紫外线灯和发票鉴别仪鉴别无色及有色荧光防伪标志。

知识链接

发票验旧与发票真伪辨别

@山西税务 小知识
发票验旧 VS 发票真伪辨别

近期，收到很多纳税人关于发票验旧以及发票真伪辨别相关问题的询问，今天，给大家准备了关于发票验旧和发票真伪辨别最全的知识锦囊希望对您有所帮助……

发票验旧

什么是发票验旧？

税务机关对已开具发票存根联（记账联）、红字发票和作废发票进行查验，检查发票的开具是否符合有关规定。纳税人将已开具发票的相关信息通过电子或纸质方式，报送税务机关查验。

"发票验旧"的具体内容有哪些？

根据《国家税务总局关于进一步加强普通发票管理工作的通知》（国税发〔2008〕80号）第六条第一项规定："严格执行验旧购新制度。"

凡使用税控收款机开具发票的纳税人，税务机关要按规定通过税控管理后台对其报送的开票电子数据进行采集认证，即'验旧'，验旧通过的，准予'购新'；

凡使用手工开票及未实行电子数据报送的纳税人，税务机关要定期核验发票使用情况，并将纳税人使用发票的开具情况、经营情况与纳税情况进行分析比对，发现问题及时处理并相应调整供票量。

对重点纳税人要实施当期'验旧购新'和'票表比对'。有条件的地区可对重点纳税人或重点行业的纳税人开票信息进行数据采集和认证，进行相关数据的比对、分析，及时发现异常情况并采取措施纠正，涉嫌偷逃骗税的移送稽查部门查处。"

增值税发票是否还需要手工验旧？

根据《国家税务总局关于简化增值税发票领用和使用程序有关问题的公告》（国家税务总局公告2014年第19号）规定："一、简化纳税人领用增值税发票手续，取消增值税发票（包括增值税专用发票、货物运输业增值税专用发票、增值税普通发票和机动车销售统一发票，下同）手工验旧。税务机关应用增值税一般纳税人（以下简称一般纳税人）发票税控系统报税数据，通过信息化手段实现增值税发票验旧工作。"

发票验旧：税务机关对纳税人已开具发票存根联（记账联）、红字发票和作废发票进行查验，检查发票的开具是否符合有关规定。

办理材料：

（一）需上传发票电子开具信息、下载开具发票电子解锁文件的，应提供存储介质。

（二）已开具发票存根联、作废发票全部联次、红字发票及对应的蓝字发票或取得对方有效证明。

办理方式： 大厅办理

办理时限： 纳税人无办理时限，税务机关根据纳税人所提供资料，即时办结。

发票真伪

如何判断增值税普通发票的真伪？

自2016年第四季度起印制的增值税普通发票采用新的防伪措施，调整后的增值税普通发票的防伪措施为灰变红防伪油墨。增值税普通发票各联次颜色：第一联为蓝色，第二联为棕色，第三联为绿色，第四联为紫色，第五联为粉红色。使用白纸摩擦票面的发票代码和字符（No）区域，在白纸表面以及发票代码和字符（No）的摩擦区域均会产生红色擦痕。

如何辨别税控发票的真伪？

税控发票的鉴别和查询采取密码加密技术。税控收款机系列产品可在税控发票上打印出××位税控码，并可通过税控收款机管理系统，以网上查询等方式辨别发票真伪。

发票真伪由哪个部门鉴定？

用票单位和个人可携带发票到开票方税务机关鉴定真伪。

也可登录国家税务总局山西省税务局网站（http://www.sx-n-tax.gov.cn/）进行查询。查询路径：纳税服务——涉税服务——增值税发票查询/其他普通发票查验。

发票少填几个字，公司损失百万！

一次税务局稽查某企业时，该企业被指出存在大量取得的专票不符合规定的现象：其中提到2017年度的房租990万元，取得的是一般计税增值税率11%的专票，由于出租方会计开票时太大意，在发票备注栏漏填了不动产的地址，从而导致该企业98.11万元的进项税额无法抵扣！

1．开票提醒

（1）无论是自行开具还是税务机关代开，都应在备注栏注明不动产的详细地址。

（2）纳税人无论开具的是增值税专用发票还是普通发票，都应在备注栏注明不动产的详细地址。

（3）未在备注栏注明不动产的详细地址的发票，都属于不符合规定的发票。

（4）不符合规定的发票，存在不得抵扣增值税的风险，同时也有不得税前扣除的涉税风险。

2．政策依据

（1）《国家税务总局关于增值税发票开具有关问题的公告》（国家税务总局公告2017年第16号）规定，不符合规定的发票，不得作为税收凭证。

（2）《财政部 国家税务总局关于全面推开营业税改征增值税试点的通知》（财税〔2016〕36号）附件1《营业税改征增值税试点实施办法》规定：纳税人取得的增值税扣税凭证不符合法律、行政法规或者国家税务总局有关规定的，其进项税额不得从销项税额中抵扣。增值税扣税凭证，是指增值税专用发票、海关进口增值税专用缴款书、农产品收购发票、农产品销售发票和完税凭证。

（3）《国家税务总局关于全面推开营业税改征增值税试点有关税收征收管理事项的公告》（国家税务总局公告2016年第23号）规定，出租不动产，纳税人自行开具或者税务机关代开增值税发票时，应在备注栏注明不动产的详细地址。

（4）《企业所得税税前扣除凭证管理办法》（国家税务总局公告2018年第28号）第十二条规定：企业取得私自印制、伪造、变造、作废、开票方非法取得、虚开、填写不规范等不符合规定的发票，以及取得不符合国家法律、法规等相关规定的其他外部凭证，不得作为税前扣除凭证。

3．不合格发票

以下这8种发票为不合格发票：不能作为扣税凭证，会计收到要退回！

（1）未填写纳税人识别号的增值税普通发票不能报销。

自2017年7月1日起，购买方为企业的，索取增值税普通发票时，应向销售方提供纳税人识别号或统一社会信用代码；销售方为其开具增值税普通发票时，应在"购买方纳税人识别号"栏填写购买方的纳税人识别号或统一社会信用代码。不符合规定的发票，不得作为税收凭证。

所称企业，包括公司、非公司制企业法人、企业分支机构、个人独资企业、合伙企业和其他企业。行政机关、事业单位、社会团体等非企业性单位，个人消费者等可以不用填写纳税人识别号。

（2）需要填写备注栏，未按规定填写的不能作为扣税凭证。

①单用途卡和多用途卡；

②差额开票业务；

③保险机构代收车船税业务；

④土地增值税发票扣除业务；

⑤货物运输服务业务；

⑥建筑服务业务；

⑦出租不动产；

⑧销售不动产等需要按规定填写备注栏。

（3）未按规定填写税收分类编码的不能作为扣税凭证。

纳税人通过增值税发票管理新系统开具增值税发票（包括：增值税专用发票、增值税普通发票、增值税电子普通发票）时，商品和服务税收分类编码对应的简称会自动显示并打印在发票票面"货物或应税劳务、服务名称"或"项目"栏次中。

（4）增值税专用发票需要开具清单的，不是从开票系统开出的，是自己打印的，这样的发票不能作为扣税凭证。

（5）专用发票纳税人开户行、地址、电话填写不完整，这样的发票不合格，专票填写项目要齐全，字迹清楚，不得压线、错格。

（6）增值税发票盖成财务专用章或公章是不可以的，这样的发票不能作为扣税凭证。发票应当加盖发票专用章。

（7）增值税发票未加盖发票专用章的，不能作为扣税凭证。发票不盖发票章的，由税务机关责令改正，可以处1万元以下的罚款；有违法所得的予以没收。

（8）增值税发票上既盖了财务专用章，又盖了发票专用章，这样的发票为不合格发票，应该退回重开。发票上只需盖发票专用章。

注意：会计收到不合格发票要及时让对方重开，别给自己带来发票上的风险。

4．发票的九点重要提醒

（1）企业经营地址和注册地址不一致，开具增值税专用发票时应按照税务登记证（统一社会信用代码证）上的地址开具。

（2）增值税专用发票写的是"开户行及账号"，所以开具增值税专用发票时应填写企业基本开户行及账号。

（3）销售方开具发票时，应如实开具与实际经营业务相符的发票，购买方取得发票时，不得要求变更品名和金额，也就是说卖什么开什么，不得变更，比如提供的是住宿费，开具的是"旅游服务"的发票。

（4）严格按照《商品和服务税收分类与编码》开具发票，采用新系统开具的发票不能出现"办公用品""材料一批""礼品"这样的笼统开具行为，比如《商品和服务税收分类与编码》中有一个明细类别是"纸制文具及办公用品"，因此，发票摘要写"纸制文具及办公用品"是符合规范的，但是只写"办公用品"是不符合规范的。

（5）发票上的单价数量，按相关税法规定发票信息需要依次据实填写，销售货物，需要将单价、数量、金额体现在发票上；如果属于服务劳务，确实没有单位数量的可以不体现。

（6）由于开票时有限额，销售货物不能一次性全开，分开开具发票时，会出现数量是小数的情况，比如"0.4台"，只要分开开具的发票数量总额与实际销售数量相符即可。

（7）增值税专用发票开票人的填写，税务上没有要求，但建议最好如实填写开票人员姓名，特别是收到一些相对企业来说大额的增值税专用发票，开票人最好不要是"管理员"，顺便提醒一下取得一些新成立商贸企业（查当地工商局网站就知道是不是新成立的）开具的大额增值税专用发票，且开票人是"管理员"，要特别提高警惕。

（8）增值税发票"开票人"和"复核"能否是同一个人，税务上没有要求，但是从内控管理的角度，"开票人"和"复核"应该不是同一个人，特别是收到一些相对企业来说大额的增值税专用发票，"开票人"和"复核"最好不要是同一个人。

（9）成品油专用发票要在发票的左上角标有"成品油"三个字。

项目六

代理建账建制

知识目标

○ 了解代理建账建制范围
○ 熟悉代理建账建制的基本要求
○ 掌握代理建账建制的基本内容
○ 掌握代理建账建制的基本规范

技能目标

◇ 能正确代制记账凭证
◇ 能正确代编会计账簿
◇ 能正确代编会计报表
◇ 能代理纳税申报及纳税审查

素质目标

1. 培养学生严谨认真的工作态度及强化服务的责任意识；
2. 培养学生主动学习信息化技术意识，促进"数字中国"的建立意识。

思维导图

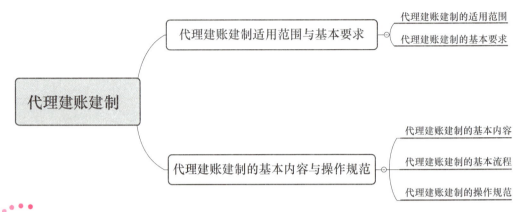

案例导入

祥云空气净化有限责任公司经过了工商登记、税务登记，办理了各种手续后，终于正式成立了。三位创始人认为现在已是万事俱备了，可谁知事情才刚刚开始。公司一经成立，就必须要建账建制。

《中华人民共和国会计法》规定："各单位按照国家统一的会计制度的规定设置会计科目和会计账簿。"

《税收征收管理法实施细则》第二十二条规定："从事生产、经营的纳税人应当自领取营业执照或发生纳税义务之日起15日内，按照国家有关规定设置账簿。"第二十三条规定："生产、经营规模小又确无建账能力的纳税人，可以聘请经批准从事会计代理记账业务的专业机构或者财会人员代为建账和办理账务。"

三位创始人商量后觉得，公司刚成立，招聘会计人员暂时还没有必要，不如先找个代理记账公司，代理建账建制，省时省钱。那么究竟什么是代理建制建账？具体有哪些要求和操作规范呢？

任务一　代理建账建制适用范围与基本要求

一、代理建账建制的适用范围

根据国务院批转的国家税务总局《关于加强个体私营经济税收征管强化查账征收工作的意见》，个体、私营业户可自行建账，也可以聘请社会中介机构代理建账，具体范围如下：

代理记账

（1）有固定经营场所的个体、私营经济业户；
（2）名为国有或集体实为个体、私营经济业户；
（3）个人租赁、承包经营企业。

对于经营规模小、确无建账能力的业户，经县级以上税务机关批准，可暂不建账或不设置账簿。

二、代理建账建制的基本要求

在个体、私营业户中全面实行建账，采取查账征收的方法涉及面广、综合性强，单凭税务机关独立运作难以实现有效的管控，特别是大多数个体、私营业户存在从业人员素质普遍偏低、财务人员短缺、自行建账困难的情况，由税务代理等社会中介机构介入这项工作是十分必要的。代理建账建制首先应了解国家有关代理记账的管理制度，在代理建账建制过程中，主动接受税务机关的监督与管理，区别不同的业户实施分类建账。对于达到一定经营规模的个体工商户，按定期定额征收的私营企业，各类名为国有、集体实为个体或私营企业，个人租赁、承包经营的企业要建立复式账，其他业户建立简易账。

（一）复式账建账建制的基本要求

符合下列情形之一，个体户应设置复式账：
（1）注册资金在 20 万元以上的。
（2）提供增值税应税劳务的纳税人月销售额在 40 000 元以上的；从事货物生产的增值税纳税人月销售额在 60 000 元以上的；从事货物批发或零售的增值税纳税人月销售额在 80 000 元以上的。
（3）省级税务机关确定应设置复式账的其他情形。

（二）简易账建账建制的基本要求

符合下列情形之一的个体工商户，应当设置简易账，并积极创造条件设置复式账：
（1）注册资金在 10 万元以上 20 万元以下的。
（2）提供增值税应税劳务的纳税人月销售额在 15 000～40 000 元的；从事货物生产的增值税纳税人月销售额在 30 000～60 000 元的；从事货物批发或零售的增值税纳税人月销售额在 40 000～80 000 元的。
（3）省级税务机关确定应当建立简易账的个体工商户应建立经营收入账、经营费用账、商品（材料）购进账、库存商品（材料）盘点表、利润表，以收支方式记录和反映生产经营情况并进行简易会计核算。简易账簿均采用订本式，建立简易账簿核算的个体户其会计制度和财务制度应与建立复式账的个体业户相同，只是会计核算科目、核算方法要简单得多。

任务二 代理建账建制的基本内容与操作规范

 一、代理建账建制的基本内容

本任务所论及代理建账建制的基本内容主要针对个体工商户。个体工商户的会计核算应遵循《个体工商户会计制度（试行）》（财会〔1997〕19号）。

（一）代建个体工商户财务会计制度

1. 代建个体工商户复式账会计制度

代理人为个体工商户建立复式账簿，应按《个体工商户会计制度（试行）》的规定，设置和使用会计科目，也可以根据实际情况自行增加、减少或合并某些会计科目，按月编制资产负债表、应税所得表和留存利润表，报送主管财税机关。

2. 代建个体工商户简易账会计制度

建立简易账簿的个体工商户，生产经营的特点是规模小、收入少，因而核算内容从会计科目的设置到编制会计报表都大大简化，主要是控制收支两方面的核算和反映盈亏。税务师代为建账建制除设置简易会计科目核算外，还要按月编制应税所得表，在办理当期纳税申报时向主管财政、税务机关报送。长期以来，个体、私营业户税款征收的基本方法是定期定额，查账征收所占比例较低。改变所得税的计算方法实行查账征收，不仅要建立个体工商户的会计制度，还必须有规范的财务管理制度。

（二）准确履行纳税义务

凡是按个体工商户进行税务登记管理的，均以每一纳税年度的收入总额减除成本、费用和损失后的余额为应纳税所得额，作为计算个人所得税的依据。

（1）收入确认是按权责发生制的原则，确认从事生产经营及与此相关活动所取得的各项收入。

（2）成本列支范围是个体户从事生产经营所发生的各项直接支出和应记入成本的间接费用。包括：实际消耗的各种原材料、辅助材料、备品配件，外购半成品、燃料、动力、包装物等直接材料；实际发生的商品进价成本、运输费、装卸费、包装费；实际支出的折旧费、修理费、水电费、差旅费、租赁费（不包括融资租赁）、低值易耗品等，以及支付给生产经营从业人员的工资。

（3）费用列支范围是个体户从事生产经营过程中所发生的销售费用、管理费用和财务费用。

（4）损失列支范围包括存货、固定资产盘亏、报废毁损和出售的净损失，自然灾害或者意外事故损失。另外，包括在营业外支出科目中核算的赔偿金、违约金、公益救济性捐赠等。

（5）下列税前不允许扣除的各项支出，要从成本费用中剔除：

①资本性支出，包括为购置和建造固定资产、无形资产及其他资产的支出，对外投资的支出；

②被没收的财物和支付的罚款；

③缴纳的个人所得税及各种税收的滞纳金、罚款；

④各种赞助支出；

⑤自然灾害或者意外事故损失有赔偿的部分；

⑥分配给投资者的股利；

⑦用于个人和家庭的支出；

⑧与生产经营无关的其他支出；

⑨国家税务总局规定不准扣除的其他支出。

二、代理建账建制的基本流程

1. 购买并装订会计账簿

按照需用的各种账簿的格式要求，预备各种账页，并将活页的账页用账夹装订成册。

2. 填写封面和账簿启用表

在账簿启用表（见表6-1）上，写明单位名称、账簿名称、册数、账簿编号、账簿页数、启用日期及经管人员和会计负责人姓名，并加盖名章和单位公章。经管人员或会计负责人在本年度调动工作时，应注明交接日期、接办人员和监交人员姓名，并由交接双方签名或盖章，以明确经济责任。

表6-1　账簿启用表

单位名称								印花粘贴处
账簿名称								
账簿编号	字第　　号　第　　册　共　　册							
账簿页数	本账簿共计　　页							
启用日期	年　月　日　至　年　月　日							
经管人员		接管		移交		会计负责人		单位公章
姓名	盖章	年	月	日	年	月	日	姓名	盖章

3. 设计会计科目

按照会计科目表的顺序、名称，在总账账页上建立总账账户；并根据总账账户明细核算的要求，在各个所属明细账户上建立二、三级……明细账户。原有单位在年度开始建立各级账户的同时，应将上年账户余额结转过来。

4. 启用会计账簿

使用订本式账簿，应从第一页起到最后一页止顺序编定号码，不得跳页、缺号；使用活页式账簿，应按账户顺序编号。各账户编列号码后，应填"账户目录"（见表6-2），将账户名称、页次填入目录内，并粘贴索引纸（账户标签），写明账户名称，以利检索。

表6-2 账户目录

账页起页	总账科目	明细科目	账页起页	总账科目	明细科目

三、代理建账建制的操作规范

代理记账，应购领统一格式的账簿凭证，启用账簿时送主管税务机关审验盖章。账簿和凭证要按发生时间的先后顺序填写、装订或粘贴，凭证和账簿不得涂改、销毁、挖补。对各种账簿、凭证、表格必须保存30年以上，销毁时须经主管税务机关审验和批准。

（一）代制会计凭证

会计凭证是记录经济业务、明确经济责任的书面证明，是登记账簿的依据。会计凭证根据其填制的程序和用途不同，分为原始凭证和记账凭证两种。税务师代制会计凭证主要是在审核原始凭证的基础上代制记账凭证。

1. 审核原始凭证

原始凭证是进行会计核算的原始资料，它分为自制原始凭证和外来原始凭证两种。例如，个体户销售货物提供应税劳务所开具的发票，材料验收入库时填制收料单，产品（商品）出库时填制的出库单等。税务师代理记账但不代客户制作原始凭证，仅是指导其正确填制或依法取得有效的原始凭证。为了保证记账凭证的真实合法性，应注意从以下几个方面审核原始凭证：

（1）原始凭证内容的真实性与完整性。原始凭证所记录的经济业务应与实际情况相符，各项内容应填写齐全。例如，开具或取得的发票，其客户名称、业务内容、单位价格、金额等栏目应真实完整地反映某项经济业务的来龙去脉，凡属名实不符或项目填列不全的发票，税务师应指导纳税单位加以改正。

（2）原始凭证取得的时效性与合法性。原始凭证入账的时间有一定的时限要求，其凭证上注明的时间应与会计核算期间相符，凭证的取得也应符合现行财务和税收管理法规的要求。

2. 代制记账凭证

记账凭证是根据合法的原始凭证或原始凭证汇总表编制的，它是登记账簿的依据。代制记账凭证时，应根据纳税单位原始凭证的多寡和繁简情况，按月或按旬到户代制记账凭证。记账凭证可以根据每一张原始凭证单独填制，也可以按反映同类经济业务的若干原始凭证汇总填制。

（1）根据原始凭证简要概括业务内容，填入"摘要"栏内，有助于登记账簿和日后查阅凭证；

（2）根据会计科目的内容正确编制会计分录，做到账户对应关系清晰；

（3）将记账凭证连续编排号码并附列原始凭证，按月装订成册。会计凭证是重要的经济资料和会计档案，税务师完成记账凭证的编制后，应帮助纳税单位建立立卷归档制度，指定专人保管。

（二）代为编制会计账簿

其实不管是小企业还是一般企业，账簿都没什么区别，都是总账、明细账、银行存款日记账和库存现金日记账、固定资产卡片账等。明细账、总账是根据对应单位的会计科目设置。

（1）现金日记账（见图6-1）和银行存款日记账（见图6-2），主要用于核算企业的现金和银行存款。账页格式选用三栏式，外表形式选择订本式。应由纳税单位的出纳人员登记，税务师审核有关凭证和登记内容，使其能逐日反映库存现金和银行存款收入的来源、支出与结存的情况，保证账实相符。

库 存 现 金 日 记 账

202×年		凭证编号	摘要	结算凭证	借方 百十万千百十元角分	贷方 百十万千百十元角分	借或贷	余额 百十万千百十元角分
月	日							
3	23		承上页		9230000	3120000	借	6110000

图 6-1　现金日记账

银 行 存 款 日 记 账

202×年		凭证编号	摘要	结算凭证	借方 百十万千百十元角分	贷方 百十万千百十元角分	借或贷	余额 百十万千百十元角分
月	日							
3	23		承上页		9230000	3120000	借	6110000

图 6-2　银行存款日记账

（2）总分类账（见图6-3）是总分类账户的集合体，其账页是按照总分类科目开设的，要按照总分类科目的编码顺序分设账户。总分类账一般应采用借方（收入栏）、贷方（发出栏）、余额三栏式的订本账，直接根据各种记账凭证逐笔进行登记，也可先编制成汇总记账凭证或科目汇总表，再据以登记。每月应将当月已完成的经济业务全部登记入账，并于月份终了时结出总账、各分类账户的本期发生额和期末余额作为编制会计报表的主要依据。

总 分 类 账

202×年		凭证编号	摘要	结算凭证	借方	贷方	借或贷	余额
月	日				百十万千百十元角分	百十万千百十元角分		百十万千百十元角分
12	1		期初余额				借	7110000

图6-3　总分类账

（3）明细分类账是总分类账的明细科目，可分类连续地记录和反映个体户资产、负债、所有者权益、成本、费用、收入等明细情况，应根据个体、私营业户所属经营行业的特点，经营项目的主要范围，设置明细分类账。例如，从事饮食服务的业户，可设置"存货""固定资产""应收款项""应付款项""应付职工薪酬""应交税费""营业收入""营业成本""营业费用""本年应税所得""留存利润"等明细分类账。

明细分类账一般采用活页式账簿，其格式可选择三栏式、数量金额式或多栏式明细分类账。登记方法可根据原始凭证逐日定期汇总登记，或者逐笔登记。

①三栏式账页。

三栏式明细分类账（见图6-4）是在账页上只设有借方、贷方和余额三个金额栏，用来反映某项经济内容的增加、减少和结余情况。这种格式适用于那些只需要进行金额核算而不需要进行数量核算的明细账。如"应收账款""应付账款"等债权债务结算明细账。

应 收 账 款 明 细 账

202×年		凭证编号	摘要	结算凭证	借方	贷方	借或贷	余额
月	日				百十万千百十元角分	百十万千百十元角分		百十万千百十元角分
1	1		期初余额		9230000	3120000	借	6110000

图6-4　三栏式明细分类账

②数量金额式账页。

数量金额式明细分类账（见图6-5）是在账页上的借方（收入栏）、贷方（发出栏）和余额（结存栏）三大栏内，再分设"数量""单价""金额"三小栏。这种格式适用于既要进行金额核算，又要进行实物数量核算的各种财产物资明细账。如"原材料""库存商品"等明细账。

数量金额式明细分类账

原材料 明细账

二级 原材料及主要材料　　　　三级 全棉水洗布

最高储存量 ___ 最低储存量 ___ 编号 ___ 规格 ___			收入			发出			结存		
202×年 月 日	凭证编号	摘要	数量	单价	百十万千百十元角分	数量	单价	百十万千百十元角分	数量	单价	百十万千百十元角分
12 1		期初余额							1000	25	2 5 0 0 0 00

图6-5　数量金额式明细分类账

③多栏式账页。

多栏式明细分类账不是按明细科目分设账页，而是在一张账页的借方、贷方金额栏内，按照某一总分类科目所属的各明细分类科目或明细项目分设若干专栏，集中反映各有关明细分类科目或明细项目的详细资料。这种格式适用于只进行金额核算，不进行数量核算，而且管理上需要了解其构成内容的明细账。如成本、费用、收入、利润等明细账。多栏式明细分类账按其多栏设置方法的不同，又可分为借方多栏、贷方多栏和借贷方均多栏三种格式。

借方多栏式明细分类账（见图6-6）在账页中设有借方、贷方和余额三个金额栏，并在借方分设若干栏目，或者单独开设借方金额分析栏，适用于成本、费用类明细账。生产成本明细分类账如图6-7所示。

借方多栏式明细分类账

管理费用　明细账

2021年 月 日	凭证单号	摘要	借方	贷方	借或贷	余额	（借）方　金　额　分　析								
							办公费	职工薪酬	业务招待	绿化费	商检费	差旅费	物料费	水电费	其他
12 3	6	支付管理费	78000			78000	78000								
14 21	22	营销专家薪酬	278000			278000		200000							
16 31		装修费	5278000			5278000	5000000								
20 37		业务招待	5380000			5380000			102000						
22 45		绿化费	5740000			5740000				360000					
22 46		商检费	5800000			5800000					60000				
30 64		发放库存商品	7150648			7150648		1350648							
30 65		报销房租费	7466448			7466448						315800			
30 71		电话费	7688688			7688688							222240		
30 74		报销无形资产	21338688			21338688								13650000	
31 75			21341772			21341772									3024
31 87		货币职工薪酬	40780142			40780142		19438430							
31 89		多记水电费	41440142			41440142								660000	
31 90		计提折旧	48330330			48330330								6890188	

图6-6　借方多栏式明细分类账

生产成本明细分类账

科目名称 基本生产成本
产品名称 豆沙包

2013年		凭证		摘要	借方发生额	成本项目			
月	日	种类	号数			直接材料	直接人工	制造费用	合计
12	30		64	非货币性职工薪酬	5276 70		5276 70		5276 70
	31		79	领用材料	119965 20	119965 20			119965 20
			80	结转领用材料成本差异	3802 90	3802 90			3802 90
			81	领用包装物	15300 00	15300 00			15300 00
			87	货币性职工薪酬	130369 60		130369 60		130369 60
			93	分配制造费用	97761 90			97761 90	97761 90
			94	结转完工产品成本	372476 30	139068 10	135646 30	97761 90	372476 30

图 6-7 生产成本明细分类账

将上述账簿登记编制完毕，还要进行对账工作，进行账证核对、账账核对和账实核对，在会计期末即月份、季度和年度终了时进行结账，以确定本期收入、成本、费用和应税所得，同时也为编制会计报表准备数据。

（三）代为编制会计报表

会计报表是提供会计资料的重要手段。个体工商户的会计报表比企业的要简单许多，设置复式账的个体工商户要编报资产负债表、应税所得表和留存利润表；设置简易账的仅要求编报应税所得表，它除了可以总括反映业户的资产负债情况外，最重要的是为个人所得税的计算提供真实可靠的依据。

1. 数字真实，内容完整

根据权责发生制的要求，会计报表应在全部经济业务都登记入账，进行对账、结账和试算平衡后，再根据账簿资料编制，应做到内容填报齐全，数字编报真实可靠。

2. 计算准确，报送及时

会计报表要以会计账簿各明细科目期末余额为依据，反映出表账之间、表表之间严密的数字逻辑关系，既不能漏报，也不可随意编报，并应在规定的时间内报送主管财税机关。

（四）代理纳税申报

代理建账记账过程中，对于客户生产经营情况应有较为全面、深入的了解，在按月结账编制报表的同时，可代理纳税申报事宜。

个体工商户所得税，应单独填报（个体工户所得税年度申报表），它要依据应税所得表按月填报并附送有关财务表，在年度终了后3个月内汇算清缴，实行多退少补。如果分月、分次取得所得并已预缴税款，可在年度汇算时计算应补退税额。

（五）代理纳税审查

代理纳税审查的作用是帮助个体户正确、完整地履行纳税义务，避免因不了解税法或财务会计制度的规定而漏缴税款。税务师代理纳税审查工作的重点，就是审查应税所得表所列各项是否符合个体工商户财务会计制度的规定。

例：××箱包加工厂是个体经管企业，属于小规模纳税人，要托××税务师事务所代理记账，202×年度该厂因小区改造、经管地址迁移停产10个月，全年经济业务发生情况如下：

1．202×年年初会计科目余额（见表6-3）

表6-3　202×年年初会计科目余额　　　　　　　　　　单位：元

科目名称	借方余额/元	科目名称	贷方余额/元
库存现金	500		
银行存款	135 000		
应收账款	30 000	借入款项	160 000
存货	50 000	应付账款	20 000
（材料30 000，产成品20 000）		应付职工薪酬	4 000
		应交税费	7 000
待摊费用	5 500	实收资本	130 000
固定资产	160 000	留存收益	25 000
减：累计折旧	65 000		
无形资产	30 000		
合计	346 000	合计	346 000

2．202×年经济业务资料

（1）购入材料一批，价款15 000元，用银行存款支付，材料已验收入库；

（2）销售产品价税合计37 000元，款已收到并存入银行账户，该批产品的实际成本为21 000元；

（3）购入工程物资（建厂房用）价款18 000元，已用银行存款支付；

（4）基建工程应付甲工程队工款25 000元，现已完工交付使用并办理了竣工手续，固定资产价值43 000元；

（5）车间一台机床报废，原值30 000元，已计提折旧26 000元，清理费1 000元，残值收入1 500元，已用银行存款提支，该项固定资产清理完毕；

（6）提取现金6 000元，支付上年应付职工薪酬4 000元；

（7）本期生产车间领用原材料18 000元；

（8）计提本期工资、奖金、津贴合计6 500元，其中：应在税后列支1 500元，从业人员王某应缴个人所得税10元，予以代扣；

（9）收到存款利息500元，存入银行；

（10）以现金支付差旅费、业务招待费等1 500元；

（11）以银行存款支付保险费2 200元；

（12）计提固定资产折旧20 000元；

（13）摊销无形资产4 000元；

（14）接受财政补贴42 000元（经审核不符合不征税收入条件）；

（15）计算并结转本期完工产品成本、产品全部入库43 000元；

(16) 计算本期应缴增值税、城市维护建设税、教育费附加；

(17) 计算本期应税所得；

(18) 计算个人所得税；

(19) 以银行存款缴纳年初欠缴增值税 7 000 元和代扣的个人所得税 10 元；

(20) 将税后列支费用 1 500 元转入"留存收益"科目。

根据上述资料进行如下模拟练习：

(1) 开设复式账户按年初余额登记年初数；

(2) 将上述 20 笔业务编制会计分录，记入 T 字账；

(3) 编制 202×年度"资产负债表"（见表 6-4）、"应税所得表"（见表 6-5）和"留存收益表"（见表 6-6）；

(4) 填报个体工商户所得税年度申报表（见表 6-7）。

个体工商户会计科目、简易会计科目如表 6-8、表 6-9 所示。

表 6-4　资产负债表

编制单位：　　　　　　　　　202×年12月31日　　　　　　　　　单位：元

资产	金额	负债及业主权益	金额
资产：		负债：	
现金	1 000	借入款项	160 000
银行存款	165 398.83	应付账款	45 000
应收账款	30 000	应付职工薪酬	6 490
存货	70 000	应交税费	0
待摊费用	5 500	负债合计	211 490
待处理财产损溢			
固定资产原价	173 000		
减：累计折旧	59 000	业主权益：	
固定资产净值	114 000	实收资本	130 000
固定资产清理		留存收益	69 408.83
在建工程			
无形资产	26 000	业主权益合计	199 408.83
资产总计	410 898.83	负债及业主权益总计	410 898.83

表 6-5　应税所得表

编制单位：　　　　　　　　　　202×年　　　　　　　　　　单位：元

项目	行次	金额
营业收入		35 922.33
减：税金及附加		107.77

续表

项目	行次	金额
营业成本		21 000
期间费用		7 200
营业外收支（净收益以"-"号表示）		-38 500
本年经营所得（如为经营亏损以"-"号表示）		46 114.56
减：应弥补的以前年度亏损		
本年应税所得（如为亏损以"-"号表示）		46 114.56

表 6-6　留存收益表

编制单位：　　　　　　　　　　202×年　　　　　　　　　　单位：元

项目	行次	金额
本年应税所得		46 114.56
减：个人所得税		205.73
税后列支费用		1 500
转入逾期亏损		
加：年初留存收益		25 000
年末留存收益		69 408.83

表 6-7　个体工商户所得税年度申报表

填表日期：202×年1月15日

纳税人识别号			金额单位：元			
业主姓名：		地址：	大连市中山区上海路42号			
		户名：箱包加工厂				
业别：制造		开始生产经营日期	2001年6月1日	银行账号	电话	2728618
	项目					金额
	1. 全年收入额					77 922.33
	2. 成本					21 000
	3. 费用					7 200
	4. 税金					107.77
应纳税所得额	5. 损失					3 500
	6. 应纳税所得额 1-（2+3+4+5）					46 114.56

续表

	7．税率		5%
	8．速算扣除数		0
	9．应纳税所得额（6×7-8）		205.73
	10．全年预缴税额		
	11．应补（退）所得税额（9-10）		205.73
授权代理人	（如果你已委托代理申报人，请填写下列资料）为代理一切税务事宜，现授权（地址）为本企业代理申报人，任何与本申报表有关的来往文件都可寄予此人。 授权人签字：	声明	我声明：此纳税申报表是根据《中华人民共和国个人所得税法》的规定填报的，我确信它是真实的、可靠的、完整的。 声明人签字：
纳税人（签字或盖章）：		代理申报人（签字）：	
以下由税务机关填写			
收到申报表日期		接收人	

表6-8 个体工商户会计科目

顺序号	编号	科目名称	顺序号	编号	科目名称
		一、资产类	14	212	应付职工薪酬
1	101	库存现金	15	213	应交税费
2	102	银行存款			三、业主权益类
3	111	应收账款	16	301	实收资本
4	121	存货	17	311	本年应税所得
5	131	待摊费用	18	312	留存收益
6	141	待处理财产损溢			四、成本类
7	151	固定资产	19	401	生产成本
8	152	累计折旧			五、损益类
9	153	固定资产清理	20	501	营业收入
10	154	在建工程	21	502	营业成本
11	161	无形资产	22	503	税金及附加
		二、负债类	23	504	期间费用
12	201	借入款项	24	511	营业外收支
13	211	应付账款	25	521	税后列支费用

表6-9 个体工商户简易会计科目

顺序号	编号	科目名称
1	01	现金及存款
2	02	应收账款
3	03	存货
4	06	长期资产
5	10	应付账款
6	11	应交税费
7	21	实收资本
8	22	本年应税所得
9	31	营业收入
10	32	营业费用

模拟练习答案

会计分录

借：存货——材料	15 000
贷：银行存款	15 000
借：银行存款	37 000
贷：主营业务收入	35 922.33
应交税费——应交增值税	1 077.67
同时结转营业成本：	
借：主营业务成本	21 000
贷：存货——产成品	21 000
借：在建工程——厂房	18 000
贷：银行存款	18 000
借：在建工程——厂房	25 000
贷：应付款项——甲工程队	25 000
完工交付使用：	
借：固定资产——厂房	43 000
贷：在建工程——厂房	43 000
开始清理时：	
借：固定资产清理	4 000

累计折旧		26 000
贷：固定资产——机床		30 000

支付清理费用时：

借：固定资产清理		1 000
贷：银行存款		1 000

收回残值时：

借：银行存款		1 500
贷：固定资产清理		1 500

清理完毕时：

借：营业外支出		3 500
贷：固定资产清理		3 500

提取现金：

借：库存现金		6 000
贷：银行存款		6 000

发放工资：

借：应付职工薪酬		4 000
贷：库存现金		4 000
借：生产成本		18 000
贷：存货——材料		18 000
借：生产成本		5 000
税后列支费用		1 500
贷：应付职工薪酬		6 500

代扣个人所得税：

借：应付职工薪酬		10
贷：应交税费——代扣个人所得税		10
借：银行存款		500
贷：期间费用——财务费用		500
借：期间费用——管理费用		1 500
贷：库存现金		1 500
借：期间费用——管理费用		2 200
贷：银行存款		2 200
借：生产成本		20 000
贷：累计折旧		20 000
借：期间费用——管理费用		4 000
贷：无形资产		4 000
借：银行存款		42 000
贷：营业外收入		42 000

借：存货——产成品 43 000
　　贷：生产成本 43 000
　　　　本期应交增值税＝35 922.33×3%＝1 077.67（元）
　　　　应交城市维护建设税＝1 077.67×7%＝75.44（元）
　　　　应交教育费附加＝1 077.67×3%＝32.33（元）
借：税金及附加 107.77
　　贷：应交税费——应交城市维护建设税 75.44
　　　　　　　　——教育费附加 32.33
借：应交税费——应交增值税 1 077.67
　　　　　　——应交城市维护建设税 75.44
　　　　　　——教育费附加 32.33
　　贷：银行存款 1 185.44
借：营业收入 35 922.33
　　营业外收入 42 000
　　贷：本年应税所得 77 922.33
借：本年利润 31 807.77
　　贷：营业成本 21 000
　　　　期间费用 7 200
　　　　营业外支出 3 500
　　　　税金及附加 107.77
借：本年应税所得 46 114.56
　　贷：留存收益 46 114.56
　　　　应交个人所得税＝（46 114.56-42 000）×5%＝205.73（元）
缴纳税款时：
借：应交税费——应交个人所得税 205.73
　　贷：银行存款 205.73
年终汇算时：
借：留存收益 205.73
　　贷：应交税费——应交个人所得税 205.73
借：应交税费——应交增值税 7 000
　　　　　　——代扣个人所得税 10
　　贷：银行存款 7 010
借：留存收益 1 500
　　贷：税后列支费用 1 500

任务三　代理建账建制的云账务处理

一、企业信息建档

（一）公司需要提供的证件

1. 营业执照复印件
2. 法人身份证复印件
3. 企业财务制度
4. 公司章程

（二）企业信息建档收集的资料

企业信息建档收集的资料见表6-10。

表6-10　企业信息建档收集的资料

企业基本资料	企业名称、地址、联系人、联系方式
	企业营业执照、法人身份证、财务制度、公司章程复印件

（三）企业建档收集资料审核

1. 对收集资料的真实性、合法性进行审查，审查无误后录入财务共享中心系统。
2. 建档操作时，应确保录入企业的档案信息全面、详细、真实。

二、建账资料收集

（一）建账资料收集清单

建账资料收集清单见表6-11。

表6-11　建账资料收集清单

相关财务资料	新设企业	持续经营期企业
银行账户开户信息复印件	提供	提供
税务账号密码或直接取得CA证书	提供	提供
公司员工名单及身份证号码相关信息	提供	提供

续表

相关财务资料	新设企业	持续经营期企业
社保、工资表相关信息		提供
财务报表		提供
当年各种税纳税申报表		提供
上年度所得税汇算申报表		提供
记账凭证、总账、日记账、明细账		提供
累计发生额及余额表、往来科目明细表、长期待摊费用明细表、递延资产明细表、固定资产明细清单、无形资产明细清单		提供
银行存款余额调节表–账户1（包括企业开立的所有账户）、银行存款余额调节表–账户2		提供
资料移交清单	提供	提供

在建档资料收集过程中，与财务相关的资料，也可以通过资料交接清单汇总。

三、企业账套建立

（一）根据营业执照选择企业所属行业

如图 6-8 所示。

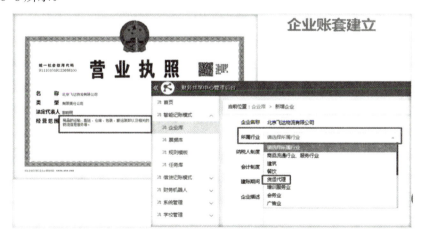

图 6-8

（二）选择纳税人制度

如图 6-9 所示。

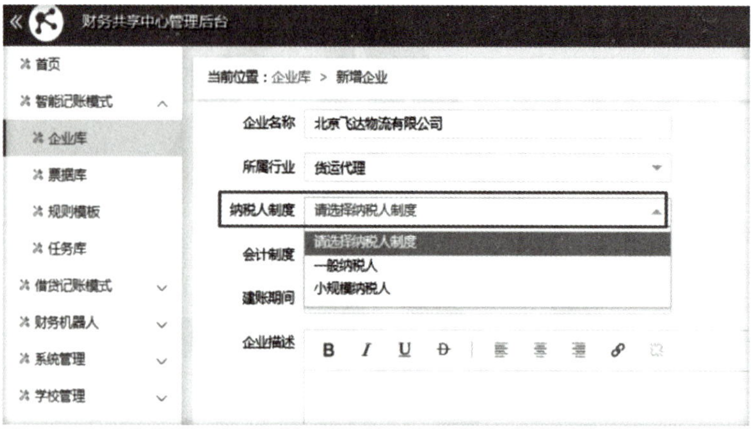

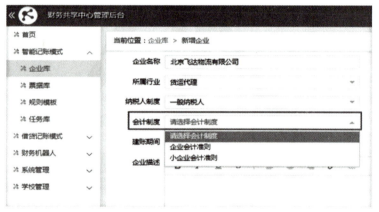

图 6-9

（三）选择企业会计制度

如图 6-10 所示。

图 6-10

四、会计科目设置

会计科目设置见表 6-12。

表 6-12 会计科目设置

会计科目	明细科目设置方式
银行存款	按开立的账户
应收账款/预收账款	按客户名称
应付账款/预付账款	按供应商名称

续表

会计科目	明细科目设置方式
其他应收款	按收款单位或个人
其他应付款	按应付单位或个人
库存商品	按货物名称
应付职工薪酬	按项目如工资、社保
应交税费	按税费名称
实收资本	按股东名称
主营业务收入/主营业务成本	按产品或服务
销售费用/管理费用/财务费用	按费用大类

在设置会计科目过程中，由于经济业务活动的具体内容、规模大小与业务繁简程度等情况不尽相同，在具体设置明细科目时，应考虑其自身特点和具体情况。

五、期初数据录入

（一）期初余额表

1. 在平台中手工录入期初余额，如图6-11所示。

科目名称	科目代码	建账初始余额 借	贷	累计借方	累计贷方	期初余额 借	贷	累计借方数量	累计借方单价	累计贷方数量	累计贷方单价	余额数量	余额单价	是否是数量金额
库存现金	1001	103000.00	0.00	0.00	0.00	103000.00	0.00	0	0	0	0	0	0	0
银行存款	1002	5206800.00	0.00	0.00	0.00	5206800.00	0.00	0	0	0	0	0	0	0
建设银行东城区支行77618	100201	5306800.00	0.00	0.00	0.00	5306800.00	0.00	0	0	0	0	0	0	0
中行东城区支行76890	100202	0.00	0.00	0.00	0.00	0.00	0.00	0	0	0	0	0	0	0
其他货币资金	1012	0.00	0.00	0.00	0.00	0.00	0.00	0	0	0	0	0	0	0
短期投资	1101	0.00	0.00	0.00	0.00	0.00	0.00	0	0	0	0	0	0	0
应收票据	1121	840000.00	0.00	0.00	0.00	840000.00	0.00	0	0	0	0	0	0	0
北京阳光商贸有限公司	112101	660000.00	0.00	0.00	0.00	660000.00	0.00	0	0	0	0	0	0	0
北京大元食品有限公司	112102	180000.00	0.00	0.00	0.00	180000.00	0.00	0	0	0	0	0	0	0
应收账款	1122	200000.00	0.00	0.00	0.00	200000.00	0.00	0	0	0	0	0	0	0
北京美成设备有限公司	112201	200000.00	0.00	0.00	0.00	200000.00	0.00	0	0	0	0	0	0	0
天津国材贸易有限公司	112202	0.00	0.00	0.00	0.00	0.00	0.00	0	0	0	0	0	0	0
蒙达国际有限公司	112203	0.00	0.00	0.00	0.00	0.00	0.00	0	0	0	0	0	0	0
古兰商贸有限公司	112204	0.00	0.00	0.00	0.00	0.00	0.00	0	0	0	0	0	0	0
预付账款	1123	340000.00	0.00	0.00	0.00	340000.00	0.00	0	0	0	0	0	0	0
北京瑞达食品有限公司	112301	220000.00	0.00	0.00	0.00	220000.00	0.00	0	0	0	0	0	0	0
北京美高寿有限公司	112302	120000.00	0.00	0.00	0.00	120000.00	0.00	0	0	0	0	0	0	0
应收股利	1131	0.00	0.00	0.00	0.00	0.00	0.00	0	0	0	0	0	0	0
应收利息	1132	0.00	0.00	0.00	0.00	0.00	0.00	0	0	0	0	0	0	0
其他应收款	1221	0.00	0.00	0.00	0.00	0.00	0.00	0	0	0	0	0	0	0
材料采购	1401	0.00	0.00	0.00	0.00	0.00	0.00	0	0	0	0	0	0	0
在途物资	1402	0.00	0.00	0.00	0.00	0.00	0.00	0	0	0	0	0	0	0
原材料	1403	19800.00	0.00	0.00	0.00	19800.00	0.00	0	0	0	0	0	0	1
轮胎2000	140301	19800.00	0.00	0.00	0.00	19800.00	0.00	0	0	0	0	18	1100	1

图6-11

2. 输入明细账金额。

手工录入方式下，直接手工输入末级科目的期初余额，上级科目会自动累加金额，如图所示；红字金额应以负数表示；输入辅助核算类科目时，应注意输入辅助账的期初明细，如图6-12所示。

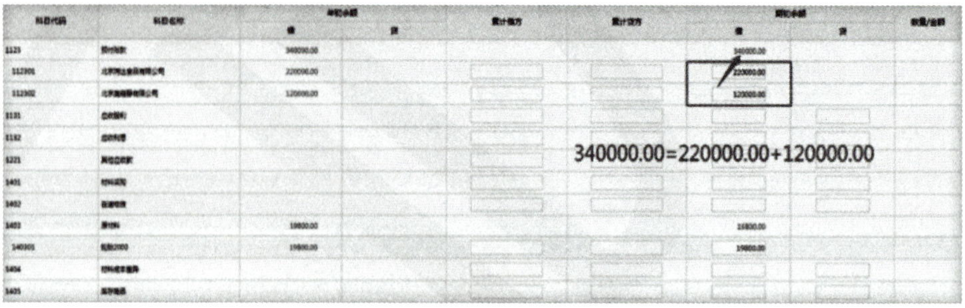

图 6-12

六、企业期初建账平台操作实例

1. 选择建账企业，如图 6-13 所示。

图 6-13

2. 期初数据下载及打开，如图 6-14 所示。

图 6-14

3. 新增会计科目及会计明细科目，如图 6-15 所示。

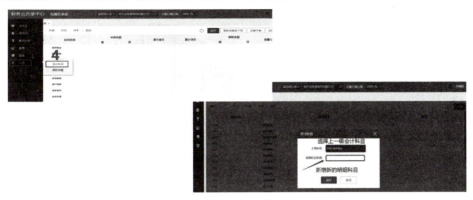

提示：新增会计明细科目，**科目代码不用修改**，保证科目级次及科目名称一致即可。

图 6-15

4. 录入期初数据，注意借贷方向及红字金额，如图 6-16 所示。

提示：录入期初数据，注意借贷方向及**红字金额**。

图 6-16

5. 试算平衡，完成期初建账，如图 6-17 所示。

图 6-17

项目七

纳税申报代理

知识目标

○ 了解代理纳税申报所需资料
○ 熟悉增值税纳税申报流程

技能目标

◇ 能进行增值税纳税申报

素质目标

1. 培养学生诚信为本、坚持准则、主动纳税的意识;
2. 培养学生了解减税降费政策在新冠疫情形势下,助企纾困发挥的重要作用。

项目七 纳税申报代理

思维导图

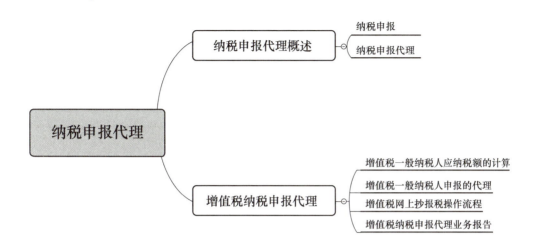

案例导入

祥云空气净化有限责任公司发生了一系列的经济业务,需要缴纳增值税等。如果不及时缴纳,或是发生了误报、错报、漏报,又要补交罚款,最后他们还是决定找会计事务代理公司,进行纳税申报代理。纳税申报代理的具体流程是什么?纳税申报代理又有哪些操作规范和要求呢?

任务一 纳税申报代理概述

一、纳税申报

(一)概念

纳税申报指纳税人、扣缴义务人、代征人为正常履行纳税、扣缴税款义务,就纳税事项向税务机关提出书面申报的一种法定手续。进行纳税申报是纳税人、扣缴义务人、代征人必须履行的义务。

纳税申报

(二)纳税申报对象

纳税申报对象如表7-1所示。

表 7-1 纳税申报对象

纳税申报对象	纳税人
	扣缴义务人

（三）纳税申报期限

纳税申报期限如表 7-2 所示。

表 7-2 纳税申报期限

纳税申报期限	法律、行政法规明确规定
	税务机关按规定结合纳税人实际情况等确定

二、纳税申报代理

（一）纳税申报资料

纳税申报资料如表 7-3 所示。

税务代理

表 7-3 纳税申报资料

纳税申报资料	财务会计报表及说明材料
	税控装置的电子报税资料
	与纳税有关的合同、协议书、凭证
	境内外公证机构出具的证明资料
	外出经营税收管理证明和异地完税证明

（二）纳税申报方式

纳税申报方式如表 7-4 所示。

表 7-4 纳税申报方式

纳税申报方式	自行申报
	邮寄申报
	数据电文申报
	委托代理申报

（三）纳税申报流程

纳税申报流程如图 7-1 所示。

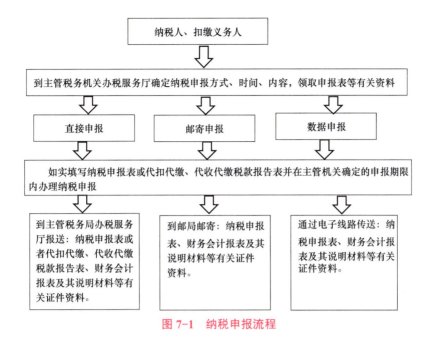

图 7-1 纳税申报流程

任务二 增值税纳税申报代理

一、增值税一般纳税人应纳税额的计算

增值税一般纳税人实行进项抵扣法,应纳税额为销项税额抵扣进项税额后的余额。其计算公式为:

$$当期应纳税额 = 当期销项税额 - 当期进项税额$$

(一)销项税额的计算

销项税额是纳税人发生应税行为,按照销售额和增值税税率计算并向购买方收取的增值税额,其计算公式为:

$$销项税额 = 销售额 \times 适用税率$$

销售额是纳税人发生应税行为取得的全部价款和价外费用,但是不包括收取的销项税额,体现增值税为价外税性质。价外费用的构成如图 7-2 所示。

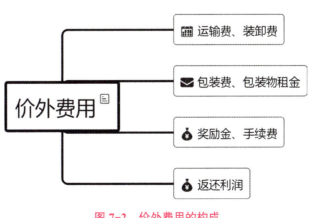

图 7-2 价外费用的构成

由于增值税是价外税,所以计税依据中的"销售额"必须是不包括收取的销项税额的销售额。对于纳税人销售货物、劳务、应税服务、无形资产或不动产,采用销售额和销项税额合并定价方法的,应按下列公式将含税销售额换算为不含税销售额:

$$不含税销售额 = \frac{含税销售额}{1+税率或征收率}$$

(二)进项税额的计算

一般纳税人购进货物、加工修理修配劳务、服务、无形资产或不动产而支付或负担的增值税额,为进项税额。在开具增值税专用发票的情况下,进项税额与销项税额的对应关系是:销售方收取的销项税额,就是购买方支付的进项税额。

增值税的核心就是用纳税人收取的销项税额抵扣其所支付的进项税额,其余额为纳税人实际应缴纳的增值税额。但并不是所有的进项税额都可以抵扣。对此,税法明确规定了哪些进项税额可以抵扣,哪些不能抵扣。

1. 准予从销项税额中抵扣的进项税额

进项税额的抵扣方式如表7-5所示。

表7-5 进项税额抵扣方式

以票抵扣	①从销售方取得的增值税专用发票上注明的增值税额(先认证,后抵扣) ②从海关取得的海关进口增值税专用缴款书上注明的增值税额(先比对,后抵扣)
计算抵扣	购进农产品,按照农产品收购发票或者销售发票上注明的农产品买价和13%的扣除率计算的进项税额 进项税额=买价×13%

2. 不得从销项税额中抵扣的进项税额

(1)修理修配劳务、服务、无形资产和不动产。其中涉及的固定资产、无形资产、不动产,仅指专用于上述项目的固定资产、无形资产(不包括其他权益性无形资产)、不动产。

(2)非正常损失的购进货物,以及相关的加工修理修配劳务和交通运输业服务。

(3)非正常损失的在产品、产成品所耗用的购进货物(不包括固定资产)、加工修理修配劳务和交通运输业服务。

(4)非正常损失的不动产,以及该不动产所耗用的购进货物、设计服务和建筑服务。

(5)非正常损失的不动产在建工程所耗用的购进货物、设计服务和建筑服务。纳税人新建、改建、扩建、修缮、装饰不动产,均属于不动产在建工程。

(6)购进的旅客运输服务、贷款服务、餐饮服务、居民日常服务和娱乐服务。

(7)财政部和国家税务总局规定的其他情形。

(8)纳税人接受贷款服务向贷款方支付的与该笔贷款直接相关的投融资顾问费、手续费、咨询费等费用,其进项税额不得从销项税额中抵扣。

（9）适用一般计税方法的纳税人，兼营简易计税方法计税项目、免征增值税项目而无法划分不得抵扣的进项税额，按照下列公式计算不得抵扣的进项税额：

不得抵扣的进项税额＝当期无法划分的全部进项税额×（当期简易计税方法计税项目销售额＋免征增值税项目销售额）÷当期全部销售额

（三）应纳税额的计算

增值税销项税额与进项税额确定后就可以得出实际应纳的增值税额，增值税一般纳税人应纳税额的计算方法如下：

应纳税额＝当期销项税额－当期进项税额

上式结果若为正数，则为当期应纳增值税；计算结果若为负数，则形成留抵税额，待下期抵扣，下期应纳税额的计算公式为：

应纳税额＝当期销项税额－当期进项税额－上期留抵税额

二、增值税一般纳税人申报的代理

增值税一般纳税人一般按月纳税申报，申报期为次月1日起至15日（到期日遇法定节假日顺延）。

增值税纳税申报方式及流程

（一）提供纳税申报资料

1. 必报资料

增值税纳税申报表及其五个附表和固定资产进项税额抵扣情况表、本期抵扣进项税额结构明细表、增值税减免税申报明细表。

2. 备查资料

已开具的增值税专用发票和普通发票存根联；符合抵扣条件并且在本期申报的增值税专用发票抵扣联；海关进口货物完税凭证、运输发票；购进农产品普通发票及购进废旧物资普通发票的复印件；收购凭证的存根联或报查联；代扣代缴税款凭证存根联；主管税务机关规定的其他备查资料。

（二）填报增值税纳税申报表

一般纳税人填报增值税纳税申报表包括增值税纳税申报表（主表）和本期销售情况明细的附列资料（一），反映本期进项税额明细的附列资料（二），反映营改增纳税人服务、不动产和无形资产扣除明细的附列资料（三），反映税额抵减情况表附列资料（四），反映不动产分期抵扣计算表附列资料（五），以及固定资产（不含不动产）进项税额抵扣情况表、本期抵扣进项税额结构明细表、增值税减免税申报明细表。

（三）增值税一般纳税人申报流程

一般纳税人在征期内进行申报，申报具体流程如图7-3所示。

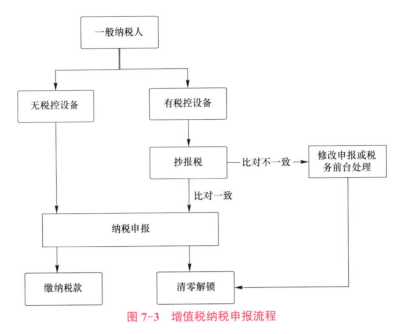

图 7-3 增值税纳税申报流程

在办理税款缴纳手续前，需完成专用发票认证（或选择抵扣）、抄税、报税、办理申报等工作。

1. 专用发票认证

增值税专用发票的认证方式可选择手工认证和网上认证。手工认证是单位办税员月底持专用发票"抵扣联"到所属主管税务机关服务大厅"认证窗口"进行认证；网上认证是纳税人月底前通过扫描仪将专用发票"抵扣联"扫入认证专用软件，生成电子数据，将数据文件传给税务机关完成认证。自2016年5月1日起，纳税信用A级、B级纳税人对取得的增值税专用发票已不再进行认证，通过增值税发票税控开票软件登录本省增值税发票查询平台，查询、选择用于申报抵扣或者出口退税的增值税发票信息。

2. 抄税

抄税是国家通过报税盘工程来控制增值税专用发票的一种过程，每月月初1—5日抄税，就是把当月防伪税控开出的销项发票到税务报税。如果企业是一般纳税人，需要开具增值税专用发票的，在申请成为暂认定一般纳税人后，须到税务机关指定的单位购买税控盘及报税盘（用于开具发票及抄税、买专票使用）。就是把当月开出的发票全部记入发票报税盘，然后报税务部门读入电脑，以此作为单位计算税额的依据。一般抄了税才能报税的，抄税完成后本月不允许再开具发票，就相当于是一个月的开出销项税结清一下。

3. 报税

经过抄税，税务机关确保所有开具的销项发票进入金税系统，经过报税，税务机关则确保所有抵扣的进项发票都进入金税系统，可以在系统内由系统进行自动比对，确保任何一张抵扣的进项发票都有销项发票与其对应。

以前网络不发达的时候，纳税人首先要抄税，即把信息抄到卡里，然后把卡报送到税务局，之后再填写增值税申报表申报增值税后，税务局再清卡。所以，抄税就是把当月开出的发票全部记入发票 IC 卡（现在是盘），然后报税务部门读入他们的电脑（现在都是通过网络自动汇总上报），以此作为你们单位计算税额的依据。我们通常合起来说就是抄报税。抄报税虽然有个报字，但是其实说的不是纳税申报，当然实际工作中很多人把抄报税的概念等同于含了纳税申报，他们所说的抄报税就是抄税并申报税的意思。其实这只是个习惯问题，实际上这两个工作还是分开完成的。

4．办理申报

申报工作可分为上门申报和网上申报。上门申报是指在申报期内，携带填写的申报表、资产负债表、利润表及其他相关材料到主管税务机关办理纳税申报，税务机关审核后将申报表退还一联给纳税人。网上申报是指纳税人在征税期内，通过互联网将增值税纳税申报表主表、附表及其他必报资料的电子信息传送至电子申报系统，纳税人应从办理税务登记的次月 1 日起 15 日内，不论有无销售额均应按主管税务机关核定的纳税期限按期向当地税务机关申报。

5．税款缴纳

缴款，如果有税金产生则可以直接网上点击扣款。税务机关将申报表单据送到开户银行，由银行进行自动转账处理。对于未实行税库银联网的纳税人需自己到税务机关指定的银行进行现金缴纳。

6．清卡

清卡也是自动完成。申报完成后再次打开开票软件会提醒清卡完成。这就意味着申报工作完成了。

三、增值税网上抄报税操作流程

第一步：企业需要正确填写"纳税申报表"并导出"网上申报文件"，上传至国家税务局"专用发票认证和网上申报受理系统"，并查看申报结果。

（1）输入用户名及密码，登录专用发票认证和网上申报受理系统（见图 7-4）。

图 7-4　登录网上申报受理系统

小规模纳税人
申报表填报

(2) 上传申报文件（见图7-5）。

图7-5 上传申报文件

(3) 申报成功后，使用远程抄报模块（见图7-6）。

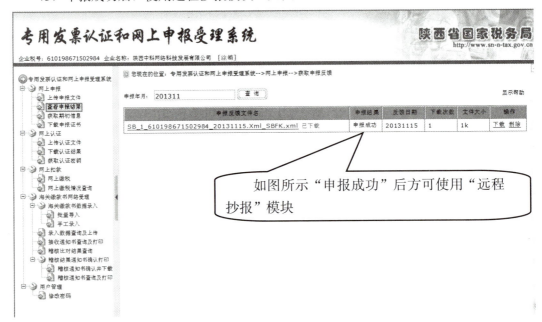

如图所示"申报成功"后方可使用"远程抄报"模块

图7-6 申报成功

第二步：申报成功后，进入"增值税防伪开票子系统"的"报税处理"模块，确保将本月征期税抄至税控IC卡（报税盘）中，然后进行"远程抄报"模块，首先点击"报税状态"（见图7-7）。

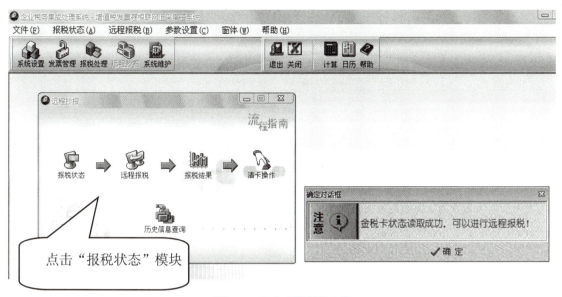

图 7-7　点击"报税状态"

（1）点击"远程报税"（见图 7-8）。

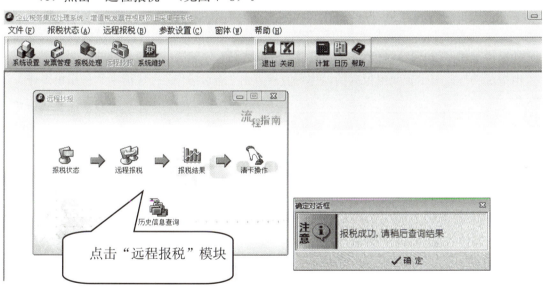

图 7-8　点击"远程报税"

（2）点击"报税结果"查询报税结果。

①申报表填写正确：点击"报税结果"如图 7-9 所示。

②申报表填写错误：点击"报税结果"如图 7-10 所示。处理方法：需先删除申报表，再重新申报，申报成功后方可再进行远程抄报。

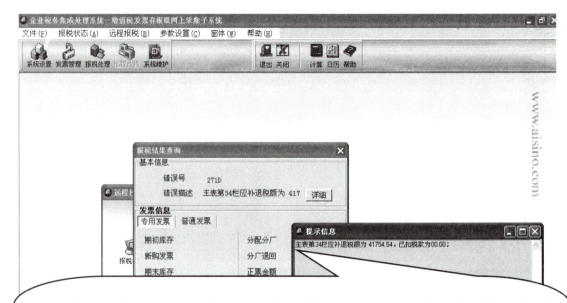

报税结果查询
错误号 271D
错误描述 主表第34栏应补退税额为 417
提示信息
主表第34栏应补退税额为 41754.54，已扣税款为00.00；
点击“报税结果”：（1）若企业有税款会有提示，如图：主表第 34 栏应补退税额为 41 754.54，已扣税款为 00.00 时，表明企业未扣款，此时需先进入“专用发票认证和网上申报受理系统”，完成“网上扣税”后，再点一次“远程抄报”，各模块即可清卡完成抄报税工作；（2）若企业无税款，点击“报税结果”后显示：错误号 0000，错误描述：“申报成功”，表示企业申报成功，你可直接点击“清卡操作”完成清卡和抄报税工作。

图 7-9　填写正确点击“报税结果”

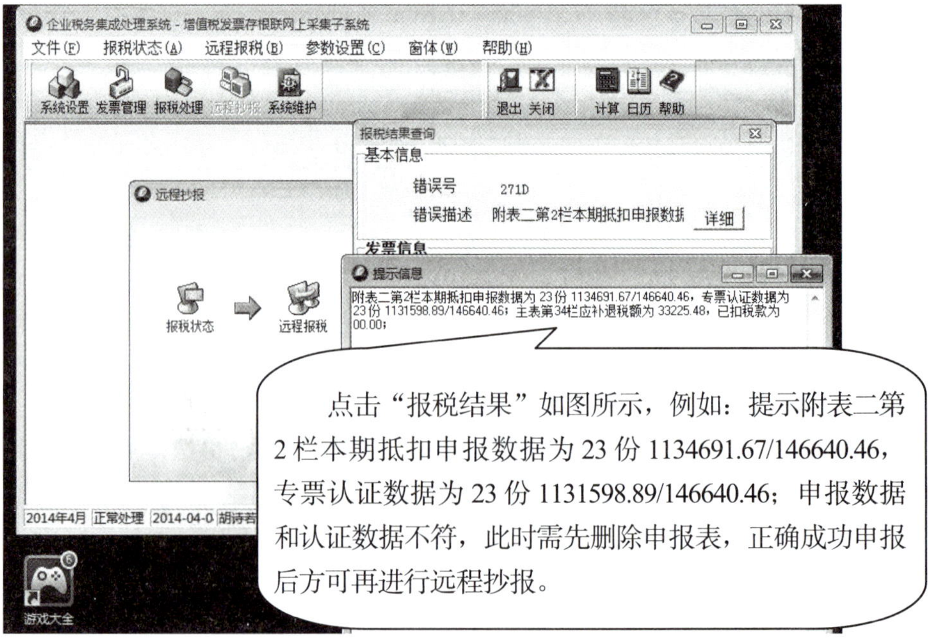

报税结果查询
错误号 271D
错误描述 附表二第2栏本期抵扣申报数据
提示信息
附表二第2栏本期抵扣申报数据为 23 份 1134691.67/146640.46，专票认证数据为 23 份 1131598.89/146640.46；主表第34栏应补退税额为 33225.48，已扣税款为 00.00；
点击“报税结果”如图所示，例如：提示附表二第 2 栏本期抵扣申报数据为 23 份 1134691.67/146640.46，专票认证数据为 23 份 1131598.89/146640.46；申报数据和认证数据不符，此时需先删除申报表，正确成功申报后方可再进行远程抄报。

图 7-10　填写错误点击“报税结果”

第三步：进行网上扣款缴税。

（1）专用发票认证和网上申报受理系统"网上缴税"（见图7-11）。

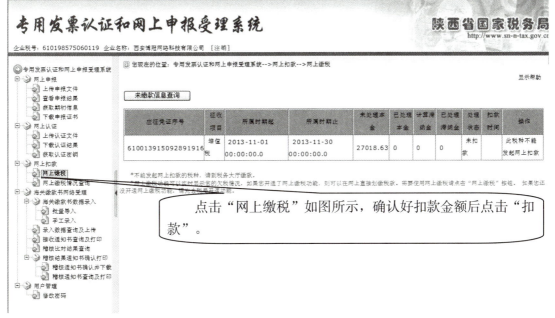

图7-11　点击"网上缴税"

（2）专用发票认证和网上申报受理系统"网上缴税情况查询"（见图7-12）。

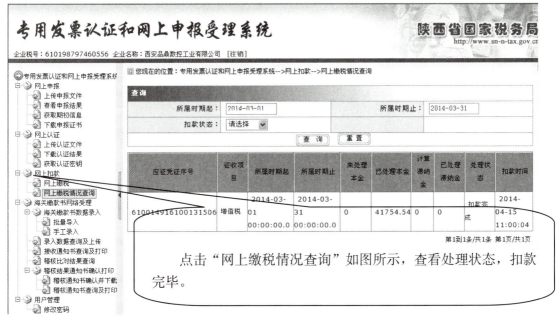

图7-12　点击"网上缴税情况查询"

第四步：若企业有税款，网上扣税成功后，再点击一遍"报税状态→远程报税→报税结果→清卡操作"可顺利完成远程抄报税工作；点击"清卡操作"如图7-13所示。

图7-13 点击"清卡操作"

四、增值税纳税申报代理业务报告

增值税纳税申报代理业务报告示例如下：

增值税纳税申报代理业务报告（参考文本）

报告号：

备案号：

_____：

我们接受委托，对贵单位_____年_____月_____日至_____年_____月_____日期间的增值税纳税申报事项进行判断，代理增值税纳税申报业务，并出具纳税申报代理业务报告。

贵单位的责任是，及时提供与增值税纳税申报有关的会计资料和纳税资料，并保证其真实、准确、完整和合法。

我们的责任是，本着独立、客观、公正的原则，依据《中华人民共和国增值税暂行条例》及其实施细则、《中华人民共和国税收征收管理法》及其实施细则和有关政策、规定，对贵单位增值税纳税申报事项提出处理建议，并完成纳税申报。

在服务过程中，我们考虑了与增值税相关的材料证明能力，考虑了与增值税纳税申报表编制相关的内部控制制度的存在性和有效性，考虑了证明材料的相关性和可靠性，对贵单位提供的委托事项相关资料等实施了计算、验证和职业判断等必要的审核程序。现将服务结果报告如下：

一、增值税纳税申报准备

按适用税率计税销售额 _____元；

按简易办法计税销售额 _____元；

免税销售额 _____元；
销项税额 _____元；
进项税额 _____元；
上期留抵税额 _____元；
进项税额转出额 _____元；
纳税检查应补缴税额 _____元；
应纳税额 _____元；
期末留抵税额 _____元；
应纳税额减征额 _____元；
应纳税额合计 _____元；
期末未缴税额 _____元；
本期已缴税额 _____元；
即征即退实际退税额 _____元；
期初未缴查补税额 _____元；
本期入库查补税额 _____元；
期末未缴查补税额 _____元。

二、增值税纳税申报代理

（一）涉税事项判断

在代理增值税纳税申报业务中，我们已经对委托人提供的会计资料、纳税资料进行了判断。代理纳税申报过程中，严格遵循税收法律法规的相关规定。按照增值税纳税申报准备业务，执行审核程序。

（二）纳税申报方式

确定纳税申报方式为电子申报、网络申报等方式。

（三）纳税申报期限

纳税人以_____为一个纳税期，自期满之日起_____日内申报纳税。

（四）纳税申报表及附列资料填列

（1）《增值税纳税申报表（一般纳税人适用）》；
（2）《增值税纳税申报表附列资料（一）》（本期销售情况明细）；
（3）《增值税纳税申报表附列资料（二）》（本期进项税额明细）；
（4）《增值税纳税申报表附列资料（三）》（服务、不动产和无形资产扣除项目明细）；
（5）《增值税纳税申报表附列资料（四）》（税额抵减情况表）；
（6）《增值税减免税申报明细表》。

（五）办理增值税纳税申报

本报告仅供贵单位_____时使用，不作其他用途。因使用不当造成的后果，与执行本纳税申报服务业务的机构及其服务人员无关。

涉税服务人员：（签章）

法人代表：（签章）

税务师事务所（盖章）

地址：

日期：

项目八

社保代理

知识目标

○ 了解社保代理的意义
○ 了解社保代理的范围和规则
○ 了解社保代理的流程

技能目标

◇ 能正确计算社保缴费金额
◇ 能有效进行社会保险代理

素质目标

1. 培养学生耐心细致品格与责任担当意识；
2. 培养学生树立主动缴纳社保的意识，促进健全社会保障体系的意识。

思维导图

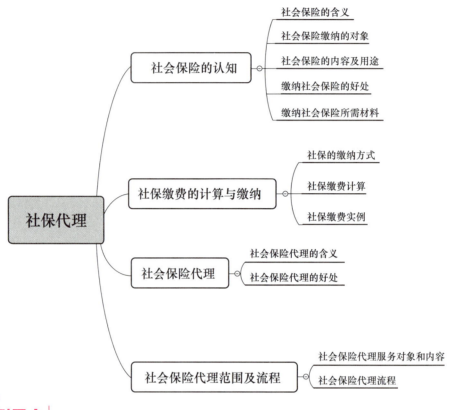

案例导入

通过三位理工科毕业生的苦心经营,"祥云空气净化有限责任公司"不断发展壮大。为了给员工更好的生活保障,能让他们安心工作,公司许诺给每一位员工缴纳五险一金,但是社保的计算和缴纳非常复杂,三位理工科出身的毕业生犯了难,办公室的小李提醒说,会计事务代理机构可以进行专门的社保代理。那社保代理究竟靠谱吗?他们来到会计事务代理机构专门进行详细的了解。

会计事务代理机构的工作人员接待了他们,并对社保代理的具体事项进行了详细的介绍。

任务一 社会保险的认知

一、社会保险的含义

社会保险是一种为丧失劳动能力、暂时失去劳动岗位或因健康原因造成损失的人口提供收入或补偿的一种社会和经济制度。社会保险的主要项目包括养老保险、医疗保险、失业保险、工伤保险、生育保险。

社保代缴

社会保险计划由政府举办，强制某一群体将其收入的一部分作为社会保险税（费）形成社会保险基金，在满足一定条件的情况下，被保险人可从基金获得固定的收入或损失的补偿，它是一种再分配制度，它的目标是保证物质及劳动力的再生产和社会的稳定。

在我国，社会保险是社会保障体系的重要组成部分，其在整个社会保障体系中居于核心地位。另外，社会保险是一种缴费性的社会保障，资金主要是用人单位和劳动者本人缴纳，政府财政给予补贴并承担最终的责任。但是劳动者只有履行了法定的缴费义务，并在符合法定条件的情况下，才能享受相应的社会保险待遇。

二、社会保险缴纳的对象

（1）境内的各类企业、个体工商户、外国或外省驻粤机构及与之建立劳动关系的劳动者；

（2）机关、事业单位、社会团体、民办非企业单位及与之建立劳动关系的劳动者；

（3）流动就业人员；

（4）外国企业及华侨、台港澳企业常驻广东代表机构或分支机构及其雇员；

（5）失业人员、自谋职业的劳动者及其他在职流动人员；

（6）其他符合政策规定的单位和个人。

三、社会保险的内容及用途

因各国社会制度不同，社会政策目标不同，社会保险的内容也不尽相同，在我国现阶段，社会保险的内容包括五大险种。

1. 养老保险

养老保险是国家依法强制实施、专门面向劳动者并通过向企业、个人征收养老保险费形成养老基金，用以解决劳动者退休后的生活保障问题的一项社会保险制度。其基本待遇是养老保险金的支付，它既是各国社会保险制度中的主体项目，也是各国社会保障制度中最重要的保障项目。

2. 失业保险

失业保险是国家依法强制实施、专门面向劳动者并通过筹集失业保险基金，用以解决符合规定条件的失业者的生活保障问题的一项社会保险制度。其基本待遇是支付失业保险金及失业医疗救助等，它是市场经济条件下适应劳动力市场化发展需要，并缓和失业现象可能带来的严重社会问题的不可或缺的稳定和保障机制。

3. 医疗保险

医疗保险是指国家依法强制实施、专门面向劳动者并通过向企业及个人征收医疗保险费形成医疗保险基金，用以解决劳动者及其家属医疗保障问题的一项社会保险制度。其基本待遇是提供医疗保障及医疗补助。

4. 工伤保险

工伤保险是国家依法强制实施、面向企业或用人单位筹集工伤保险基金，用以补偿职工因工伤事故而导致的收入丧失和医疗保障待遇的一种社会保险制度，其实质是建立在民法基础上的一种用工单位对本单位职工工伤事故进行赔偿的制度。其基本待遇包括工伤期间的收入保障、工伤抚恤、工伤医疗保障等。

5. 生育保险

生育保险是国家依法强制实施、面向用工单位及个人筹集生育保险基金，用以解决生育妇女孕产哺乳期间的收入和生活保障问题的一种社会保险制度。其基本待遇是提供生育医疗保障、产假及产假工资等。

四、缴纳社会保险的好处

（1）稳定社会生活的功能。

（2）再分配的功能。

（3）促进社会经济发展的功能：一是社会保险制度作为需求管理的一个重要工具来发挥作用，从而对经济起正面的作用；二是社会保险基金的有效利用可以促进经济的持续繁荣；三是社保成为企业招揽人才的基本条件。

在现实生活中，越是发达的地区，员工对于社保的重视程度越高。尤其是一线城市，因为和买房、买车资格挂钩，社保已经成为找工作的重要标准。具体来说，这五个险种的用途如表8-1所示。

表8-1 社会保险用途

种类	基础用途	派生用途
养老保险	退休后领取养老金、丧葬费、抚恤费	买房 买车 子女上学 落户 商业贷款
失业保险	失业后领取失业保险金、医疗费补贴	
医疗保险	医疗报销 退休后享受医保待遇	
工伤保险	支付治疗费用、生活护理费、伤残补助、伤残补贴	
生育保险	产假、生育津贴、生育补助金	

五、缴纳社会保险所需材料

缴纳社会保险所需材料如表8-2所示。

表 8-2　缴纳社会保险所需材料

员工情况	所需材料
新参保人员	身份证原件复印件及一寸白底免冠彩色照片电子版
已参保人员但未领取社保卡人员	身份证原件复印件及一寸白底免冠彩色照片 2 张
已参保人员并领取过社保卡人员	身份证原件复印件及社保卡卡号

知识链接

社保查询方式

1. 社保中心查询

如果对自己的社保账号不清楚，可以携带身份证到各区社会保险经办机构业务办理大厅查询。

2. 上网查询

登录所在城市的劳动保障网或社会保险业务网站，点击"个人社保""信息查询"窗口，输入本人身份证和密码（密码是你的社保证编号或者身份证出生年月），即可查询本人参保信息。

3. 电话咨询

拨打劳动保障综合服务电话"12333"进行政策咨询和信息查询。

4. 触摸屏查询

各区社会保险经办机构业务办理大厅内如果设有社会保险触摸屏查询系统，刷卡或根据屏幕提示输入卡号或身份证号进行查询。

任务二　社保缴费的计算与缴纳

如何交社保，是很多选择自由职业的人们经常会问的。当然也会因为一些迫不得已的原因无法继续缴纳社保，比如有人说"在日企，50 岁后公司就不给交社保了"。不管是什么原因无法继续缴纳社保，你一定有一个困惑，到底该怎么缴纳社保？是自己去街道社保所缴纳还是选择挂靠一个单位代缴，二者有什么区别吗？

一、社保的缴纳方式

缴纳社保，你有两个选择。社保的缴纳方式除了常见的"职工社保"，还有一种叫作"灵活就业社保"。

职工社保,就是上班族缴纳的。只要是正规的公司、签正规的就业合同,就必须按照国家规定缴纳社保,具有强制性。

灵活就业社保,是面向灵活就业者的,可以自由选择是否参保,没有强制性。如果你在城市,居民社保被称为城镇居民社保;如果你在农村,居民社保就是我们常见的新农合。给孩子、老人上的"一老一小"保险,和灵活就业社保一样,都是居民社保的一种。

如果离开公司,变成了自由职业者,那按理说就没有企业可以帮你缴纳社保了。但是现在有很多社保服务机构,可以帮你办理单位挂靠,就相当于你和他签订一个"就业"合同,然后他能帮你按照员工的身份来缴纳社保。

那么,自己缴社保和找单位挂靠代缴到底有什么不一样呢?

1. 参保险种不同

如果是选择职工社保,参保项目包括"五险":养老、医疗、失业、工伤和生育。如果是选择灵活就业社保,目前只能包括"三险":养老、医疗和失业。

从参保险种看,挂靠代缴更优。但工伤认定很严苛,如果实在担心,可以考虑自己买一些意外险护身;生育保险的报销金额也有限,另外夫妻双方只要一方有生育保险就可以报销一定比例的费用。对大部分人来说,其实最重要的是养老和医疗。

2. 缴纳费用不同

如果选择社保挂靠,那么社保中原本由单位缴纳的部分要由个人缴纳。此外,要支付社保代办公司一笔代理费用。

如果选择灵活就业社保,有高、中、低三档选择,每个月分别是 2 011.25 元、1 357.87 元和 1 030.96 元。2017—2018 年北京个人社保缴费标准如表 8-3 所示。

表 8-3 2017—2018 年北京个人社保缴费标准

基本养老、失业保险		基本医疗保险 / 元	养老＋失业＋医保缴费金额合计 / 元
缴费档次 /%	缴费金额 / 元		
100	1 633.67	377.58	2 011.25
60	980.29		1 357.87
40	653.38		1 030.96

从成本看,选择灵活就业社保的成本要明显低于职工社保。

除了前面说的两点,还有一些因素也要考虑。

比如,户口问题。职工社保是以单位代缴的形式参保,本地人和外地人都可以购买;而灵活就业社保只允许本地户籍的人才可以参保。

比如,福利待遇问题。以北京为例,医疗保险住院报销两者差不多,都是按照《北京市基本医疗保险规定》来报,但灵活就业社保不返现金到社保卡。除此之外,职工社保本月缴纳,下月生效,断缴后也是这样;灵活就业社保如果和上一份社保中间有 60 天以上的断档,就存在 6 个月的观察期,观察期内不予报销。

二、社保缴费计算

社保缴费计算公式如下：

$$缴费金额 = 缴费基数 \times 缴费比例$$

1. 社保缴费基数

社保的缴费基数，是指企业或者职工个人用于计算缴纳社会保险费的工资基数，用此基数乘以规定的费率，就是企业或者个人应该缴纳的社会保险费的金额。

各地的社保缴费基数与当地的平均工资数据相挂钩。它是按照职工上一年度 1 月至 12 月的所有工资性收入所得的月平均额来确定的。每年确定一次，且确定以后，一年内不再变动，社保基数申报和调整的时间一般是在 7 月。

企业一般以企业职工的工资总额作为缴费基数，职工个人一般则以本人上一年度的月平均工资为个人缴纳社会保险费的工资基数。在我国，缴费基数由社会保险经办机构根据用人单位的申报，依法对其进行核定。

2. 缴费比例

缴费比例，即社会保险费的征缴费率。《中华人民共和国社会保险法》对社会保险的征缴费率并未作出具体明确的规定。按照我国现行的社会保险相关政策的规定，对不同的社会保险险种，我国实行不同的征缴比例。

三、社保缴费实例

职工社保的费用是参照该省或市上一年度的人均工资，再根据规定按一定的比例进行购买，各地的人均工资、缴费比例不一样。一般来说，大家选择社保挂靠代缴都是为了保持社保不断，所以为了节省支出，很多人都会选择最低档来交。以北京为例，如果是城镇户口，按照目前的最低工资标准 3 082 元/月缴纳职工社保，每个月个人需要交 348.2 元，单位需要交 1 128.13 元，合计 1 476.33 元。社保缴费基数如表 8-4 所示。

表 8-4　社保缴费基数

缴纳项目	缴纳基数/元	个人缴费比例/%	个人缴费金额＝基数×个人比例/元	单位缴费比例/%	单位缴费金额＝基数×单位比例/元
养老保险	3 082	8%	246.56	19	585.58
生育保险	4 624	0	0	0.8	36.99
工伤保险	4 624	0	0	0.4	18.50
失业保险	3 082	0.2	6.16	0.8	24.66
医疗保险	4 624	2	92.48	10	462.40
大额医疗	—	—	3	—	—

注：合计 1 476.33 元（其中个人缴纳 348.20 元，单位缴纳 1 128.13 元）。

知识链接

根据中办、国办印发的《国税地税征管体制改革方案》，从2019年1月1日起，将基本养老保险费、基本医疗保险费、失业保险费、工伤保险费、生育保险费等各项社会保险费交由税务部门统一征收。此举将大幅减少企业不交全、不按时交、不足额交社保费等不合规行为，履行社保费缴纳的法定义务。

任务三 社会保险代理

对于中小公司或者分公司、办事处而言，管理劳动者个人档案，办理劳动人事，缴纳五种基础社会保险都是一项繁重的任务，往往没有那么多的人员和精力去做这些事务，所以，中小公司会选择将这些事务委托给社保代办机构代为办理。

一、社会保险代理的含义

社会保险代理是劳动保障事务代理中的一种代理方式，是指按照国家有关人事政策法规要求，接受单位或个人委托，在其服务项目范围内，为个人或单位缴纳养老保险、生育保险、医疗保险、失业保险及工伤保险等社会保险的费用。

《劳动保障事务代理暂行办法》第二条规定："本暂行办法所称的劳动保障事务代理，是指劳动保障事务代理经办机构（以下简称代理方），根据协议，接受用人单位或劳动者个人的委托（以下简称委托方），在一定期限内为委托方代管劳动者个人档案、代办劳动人事、社会保险等劳动保障事务的行为"。

所以"社会保险代理"是未来企业用工和劳动者个人享受社保的方式之一，这个行业在中国也逐渐走向成熟。

二、社会保险代理的好处

（1）降低成本，减少事务性工作。不用另设人事部门或人事专员职位，从而在总体上节省了人力资源成本，有利于简化管理上烦琐庞杂的程序，使企业的人事部门或财务部门从烦琐的社保缴纳事务中解脱出来，节省人事管理成本和降低潜在的法律风险，更专注于选人用人、绩效考核、薪酬制定等核心的战略性工作，从而提升人力资源管理的高度和核心竞争力；集中精力从事企业的核心性、战略性工作。

（2）减少劳动用工备案，不用因为公司增减员、续约合同而经常跑劳动保障局。

（3）规避企业办事人员不专业、效率低等弱点，合理规避少缴、漏缴带来的隐患。

（4）规范操作，有效遏制随意性的薪资、员工管理，对管理工作的规范性、公正性起到促进作用。

（5）降低成本、舒缓资金压力，克服企业很多的规模经济弱点。在国内，由于劳工权利意识的高涨、就业安全体系和劳动法令的普及，人事直接间接费用及外围成本不断攀升，人力资源管理业务外包则可以降低企业风险，摆脱杂务干扰，最终引导企业专心经营核心资源，发展核心竞争优势。

（6）简化公司流程，降低企业成本，节省时间，降低费用，提高员工满意度；避免大量投资于人才所带来的不确定风险。

（7）分公司、办事处不是注册单位，购买不了社保，可以托管、挂靠在社保服务中心购买；避免员工因社保关系在总公司，享受社保时不方便，对企业满意度低，离职率高，导致人才流失，影响企业高速发展，造成人事招聘成本、培训成本浪费。

（8）新成立的公司、规模较小的公司可以免开社保账户，免请社保人工成本，减少社保年审及员工社保费统筹等事宜；不会因社保专员的专业性不强、操作不当引发纠纷。

对于没有社保的个人或所在单位不能提供社保的个人来讲：通过代理缴纳社会保险，能够保障个人在养老、患病、失业、工伤、生育时得到基本的社会福利保障。在达到国家规定的缴费年限并且达到退休年龄时就能够领取退休金和享受国家基本的医疗报销，有效保护自身的合法权益，享受国家的福利政策。

知识链接

如何选择社保代理公司

1. 有人力资源服务许可证

合法的人事代理公司应当具备工商局核发的营业执照和当地人社局批准核发的人力资源服务许可证。如果需要办理社保代缴等业务，建议查看对方有无相关资质。

2. 保费专款专用

对于一个正规的社保代理公司来说，其款项是专款专用的，客户所缴纳的社保费用都在一个专门的账户下，每月往社保局划账所用。

另外，在互联网时代，可以通过一些可靠的线上代理平台选择代理机构，节省时间和精力成本。

3. 流程和信息公开、透明

一个真正可靠的社保代理公司，其流程和信息应当是公开透明的。如果选择了社保代缴等业务，最好将查询方式、时间等信息问明白。

任务四　社会保险代理范围及流程

一、社会保险代理服务对象和内容

通常社保代理的服务对象是中小企业、个体工商户、失业人员、分公司职工、自由职业工作者及其他在职流动人员。

社保代理服务内容如下：

（1）社保开户：帮助企业在社保中心开立企业的社保账户，并帮助企业取得社会保险登记证。这样，企业就可以用自己的社保账户为员工缴纳社保了。

（2）社保补缴：如果企业员工漏缴或中断了本社保年度某几个月的社保，可以帮他们补充缴纳这段时期的社保，以使员工的社保缴存保持连续。

（3）社保缴费基数核定：根据当地社保政策，并结合企业和企业员工的实际情况，帮助企业计算并确定员工的社保缴费基数。

（4）社保转移：帮助企业将员工的社保账户、以往缴纳的社保费用及社保缴纳年限等社保关系，从本地转移到其他省份，或者从其他省份转移到本地。

（5）增员、减员手续：根据企业员工的调整情况，为企业及时办理社保账户的增员和减员手续，确保企业员工社保的正确和正常缴纳。

（6）社保费用明细报表：为企业及时出具企业员工社保缴费的明细报表，以便企业准确掌握社保缴纳情况，并对社保费用进行对账核查。

（7）提供企业内部劳动争议的调节、诉讼事宜的指导与相关咨询服务：当企业和员工之间发生劳动纠纷时，对企业和员工的关系进行调节，为企业和员工提供相关咨询，争取找到企业和员工都满意的解决方案，避免加剧纠纷，尽力化解纠纷。

二、社会保险代理流程

对流动就业人员、失业人员、自谋职业的劳动者及其他在职流动人员来说，可以通过社保代理机构进行社会保险参保，这样就可以享受国家的社会保障。这也体现了国家倡导的"人人参保"的相关政策。

社保代理流程如图 8-1 所示。

项目八　社保代理

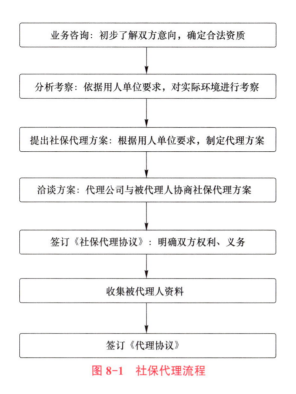

图 8-1　社保代理流程

知识链接

社保代理协议

甲方：_____银行_____支行

乙方：_____

本代理社保业务合作协议由下列各方于_____年_____月_____日在_____市订立：

甲乙双方本着互利互惠、共同发展的原则，经友好协商，就甲方为乙方员工代办社保卡业务达成以下协议：

第一条　本协议的代办社保卡业务是指甲乙双方在符合法规政策的前提下，乙方委托甲方为本单位员工的社会保障卡代理银行，为乙方员工代办社会保障卡（以下简称社保卡）申办、换领手续的业务。

第二条　社保卡申请人必须是参加_____市社会保险的在职人员、领取基本养老金的退（离）休人员、领取最低生活保障金人员。乙方根据《_____市社会保障卡管理暂行办法》要求，在征得员工同意基础上，给员工申办社保卡。申办时，乙方收集本单位员工身份证，审核无误后，填写一式两份《_____市_____银行代理社保卡业务申请清单》，加盖单位公章后，连同员工身份证复印件送交甲方。

第三条　甲方向乙方做如下保证：

（1）其是一家依法设立并有效存续的金融机构；

（2）其有权进行本协议规定的交易，并已采取所有必要的公司和法律行为（包括获得所有必要的政府批准）授权签订和履行本协议；

（3）本协议自签订之日起对其构成有约束力的义务。

第四条　乙方向甲方做如下保证：

（1）其是一家依法设立并有效存续的有限责任公司；

（2）其保证所供资料的真实性、合法性、完整性；

（3）本协议自签订之日起对其构成有约束力的义务。

第五条　甲方依据乙方提供的资料，集中为乙方员工代理申办社保卡，以及为申办成功的社保卡配发银行的个人医保账户存折、个人金融账户存折和_____借记卡。

第六条　乙方在约定时间内派人凭《_____市社会保障卡业务受理登记回执》到甲方领取社保卡、存折、借记卡，并及时配套发放给员工。乙方应要求员工更改其初始密码。如因乙方不善保管社保卡、存折、借记卡所造成的经济纠纷和损失由乙方承担，如因乙方未要求员工更改初始密码而造成乙方员工经济损失的由乙方负责。

第七条　甲方每笔收取_____元存折工本费、_____元借记卡工本费。代收_____元社保卡工本费。

第八条　乙方员工使用社保卡、存折及借记卡，应遵守《_____市社会保障卡管理暂行办法》《_____市_____银行_____卡章程》和《人民币银行结算账户管理办法》的规定。

第九条　乙方员工遗失社保卡、存折或借记卡，应及时持本人身份证到甲方（储蓄柜台）办理挂失止付手续，如在办理挂失前存款已被冒用，甲方概不负责。

第十条　任何一方如果违反本协议而使另一方遭受损失，则另一方有权要求该方予以赔偿。

第十一条　甲方对因本次代理社保业务而获知的乙方的商业机密负有保密义务，不得向有关其他第三方泄露，但中国现行法律、法规另有规定的或经另一方书面同意的除外。

第十二条　本协议可根据各方意见进行书面修改或补充，由此形成的补充协议，与协议具有相同法律效力。

第十三条　本协议双方当事人对本协议有关条款的解释或履行发生争议时，应通过友好协商的方式予以解决。协商不成的，可依法向有管辖权的人民法院提起诉讼。

第十四条　除法律本身有明确规定外，后继立法（本协议生效后的立法）或法律变更对本协议不应构成影响。各方应根据后继立法或法律变更，经协商一致对本协议进行修改或补充，但应采取书面形式。

第十五条　本协议自_____年_____月_____日起生效，有效期为_____年。协议到期后双方未提出终止协议的，可视作自动延期_____年。对执行中遇到的问题，双方应本着友好合作的精神协商解决。在本协议生效期内，如其中一方要求变更、终止协议的，必须提前_____个月通知对方，否则由此引起的损失或纠纷由毁约一方负责。

第十六条　本协议自双方的法定代表人或其授权代理人在本协议上签字并加盖公章之日起生效。

甲方（盖章）：_____　　　　乙方（盖章）：_____
负责人（签字）：_____　　　法定代表人（签字）：_____

　　在签署社保代理协议的过程中，大家要注意相关流程的细节，仔细审查合同内容，在对于代理公司资质无法查明、相关条例是否合理无法确定时一定要谨慎签署，谨慎提交个人相关信息，防止诈骗等行为。在网上得不到解答时建议去相关咨询机构进行咨询，切勿武断签署协议。

项目九

代理纳税审查

知识目标

○ 理解纳税审查的基本方法
○ 熟悉纳税审查的基本内容
○ 掌握账务调整的基本方法
○ 了解账务调整的基本原则
○ 了解账务调整的作用

技能目标

◇ 能代理会计报表的审查
◇ 能代理会计账簿的审查与分析
◇ 能代理会计凭证的审查
◇ 能正确进行账务调整

素质目标

1. 培养学生团结协作、沟通交流的合作精神；
2. 培养学生精益求精，一丝不苟的工匠精神和细心公正的职业素养。

项目九 代理纳税审查

思维导图

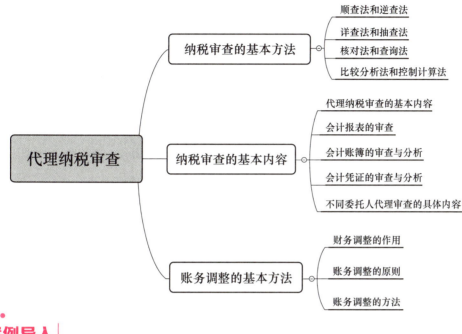

案例导入

2017年年底,祥云空气净化有限责任公司又到了年终所得税汇算清缴的时候,由于2016年度公司出现了亏损,2017年的利润可以弥补2016年度亏损。但公司财务人员了解到企业所得税法规定,企业发生亏损时,可在连续五个年度内弥补亏损,如果企业要弥补亏损,通常税务局会要求企业提供税审报告。于是,祥云空气净化有限责任公司找到会计事务代理机构,征询有关纳税审查,提供税审报告的相关事宜。

任务一 纳税审查的基本方法

税务师为客户提供纳税审查服务,其目的是指导或帮助纳税人、扣缴义务人做好纳税自查工作,自行补缴少缴或未缴的税款,以履行代理的职责;同时,纳税审查服务能够提高税务代理的执业质量,规避执业风险。

纳税审查有多种方法,每种方法各有特点,概括来说,主要分为顺查法和逆查法、详查法和抽查法、核对法和查询法、比较分析法和控制计算法。在实际审查中,应根据审查的时间、范围、对象不同,灵活运用各种方法。

一、顺查法和逆查法

针对查账的顺序不同，纳税审查的方法可分为顺查法和逆查法。

顺查法（见图 9-1）是指按照会计核算程序，从审查原始凭证开始，顺次审查记账凭证、会计账簿，核对报表，最后审查纳税情况。

图 9-1　顺查法

顺查法比较系统、全面，运用简单，可避免遗漏。但这种方法工作量大，重点不够突出，适用于审查经济业务量较少的纳税人、扣缴义务人。

逆查法（见图 9-2）是按照与会计财务处理程序的相反顺序，从分析审查会计报表开始，对有疑点的地方再进一步审查账簿和凭证。

图 9-2　逆查法

这种方法能抓住重点，迅速突破问题，适用于税务师对于纳税人、扣缴义务人的税务状况较为了解的情况。

二、详查法和抽查法

根据审查的内容、范围不同，纳税审查的方法可分为详查法和抽查法。

详查法是对纳税人、扣缴义务人在审查期内的所有会计凭证、账簿、报表进行全面、系统、详细的审查的一种方法。这种审查方法可从多方面进行比较、分析、相互考证，一定程度上保证了纳税审查的质量，但工作量大、时间长，仅适用于审查经济业务量较少的纳税人、扣缴义务人。

抽查法是对纳税人、扣缴义务人的会计凭证、账簿、报表有选择性地抽取一部分进行审查。抽查法能够提高纳税审查的工作效率，但抽查有较高的风险，影响纳税审查的质量，所以纳税代理人在用这种方法进行纳税审查时，应对纳税人、扣缴义务人相关方面予以评价。抽查法适用于对经济业务量较大的纳税人、扣缴义务人的审查。

三、核对法和查询法

核对法是指根据凭证、账簿、报表之间的相互关系，对账证、账表、账账、账实的相互勾稽关系进行核对审查的一种方法。一般用于对纳税人和扣缴义务人有关会计处理结果之间的对应关系有所了解的情况。

查询法是在查账过程中,根据查账的线索,通过询问或调查的方式,取得必要的资料或旁证的一种审查方法。查询法便于了解现实情况,常与其他方法一起使用。

四、比较分析法和控制计算法

比较分析法是将纳税人、扣缴义务人审查期间的账表资料和账面同历史的、计划的、同行业的、同类的相关资料进行对比分析,找出存在问题的一种审查方法。比较分析法易于发现纳税人、扣缴义务人存在的问题。但分析比较的结果只能为更进一步的审查提供线索。

控制计算法是根据账簿之间、生产环节等之间的必然联系,进行测算以证实账面数据是否正确的审查方法。如以产核销、以耗定产都属于这种方法。通常这种方法也需配合其他方法发挥其作用。

任务二　纳税审查的基本内容

一、代理纳税审查的基本内容

我国目前开征的税种中,按征税对象可分为三大类,即按流转额征税、按所得额征税、按财产及行为征税。虽然不同的税种纳税审查的侧重点不同,但是审查的基本内容大多一致。

(1)审查其核算是否符合《企业会计准则》和分行业财务制度及会计制度。财务及相关的会计制度是纳税人进行会计核算的准则,同时也是正确核算税额的基础。通过纳税审查,可以掌握企业的成本核算、费用的开支、利润分配和会计业务的处理是否符合规定,会计核算是否准确,会计报表的填报是否准确、及时。

(2)审查计税是否符合税收法规,重点是审查计税依据和税率。通过纳税审查可以了解纳税人有无偷税、逃税和骗税,有无隐瞒收入、虚报费用、减少或截留税收的情况。促进纳税人依法履行纳税义务,帮助纳税人合理缴纳税款。

(3)审查纳税人有无不按纳税程序办事、违反征管制度的情况。主要是审查纳税人税务登记、凭证管理、纳税申报、缴纳税款等方面的情况。

此外,在审查上述内容时,还应关注纳税人的生产、经营、管理情况。通过在审查中发现的问题,提出改进的措施,帮助企业改善经营管理状况。

二、会计报表的审查

会计报表是综合反映企业一定时期财务状况和某一会计期间的经营结果、现金流量

的书面文件，按照我国现行会计制度和公司法的规定，企业的会计报表主要包括资产负债表、利润表、现金流量表、各种附表及附注说明。审查会计报表是纳税审查的重要环节，在通常情况下，纳税审查是从审查和分析会计报表开始的，以了解纳税人经济活动的全部情况。同时，通过对各种报表的相关指标及相互关系的审查分析，可发现存在的问题，进一步确定审查的重点。

（一）资产负债表的审查

资产负债表是反映企业在某一特定日期资产、负债及所有者权益的报表，反映了企业所掌握的经济资源、企业所负担的债务，以及所有者拥有的权益。对于资产负债表的审查，主要从以下两个方面进行：

第一，根据会计核算原理，从编制技术上审查该表：审查表中资产合计数是否等于负债与所有者权益合计数；审查表中相关数据的衔接钩稽关系是否正确，表中数据与其他报表、总账、明细账数据是否相符。

第二，对资产、负债及所有者权益各项目的审查。

1. 对流动资产各项目的审查与分析

流动资产包括"货币资金""交易性金融资产""应收票据""应收账款""坏账准备"（"应收账款"项目的抵减数）和"预付账款""应收股利""应收利息""其他应收款""存货""待摊费用""一年内到期的非流动资产""其他流动资产"等项目。

在审查时，首先分析流动资产占全部资产的比重，分析企业的资产分布是否合理，分析流动资产的实际占用数是否与企业的生产规模和生产任务计划相适应。若流动资产实际占用数增长过快，则应注重是因材料或商品集中到货或因价格变动等因素引起，还是由于管理不善、物资积压、产品滞销或者是虚增库存成本所造成，以便进一步分析企业有无弄虚作假、乱计成本等问题。对流动资产项目进行分析后，还要进一步考核企业流动资金的周转情况，通过计算应收账款周转率、存货周转率等指标，并分别与计划、上年同期进行对比，分析这些指标的变化是否正常。

2. 对长期股权投资、固定资产、无形及递延资产的审查与分析

长期股权投资反映企业不准备在一年内变现的投资。按规定，企业可以采用货币资金、实物、无形资产等方式向其他单位投资，由于投资额的大小涉及企业的投资效益，因此，在对资产负债表进行审查分析时，应注意核实企业长期股权投资数额。对长期股权审查分析，除核实长期股权投资数额外，还应注意企业对长期股权投资的核算方法，进行长期股权投资，对被投资单位拥有实际控制权的，应采用成本法核算，并且不因单位净资产的增加或减少而变动；具有共同控制、重大影响的，应当采用权益法核算。由于成本法和权益法对于投资收益的确定方法不同，直接涉及所得税的计算和缴纳，因此要注意审查企业长期股权投资的核算方法是否得当。

固定资产的审查分析，首先是了解资产增减变动的情况；其次，在核实固定资产原值的基础上，应进一步核实固定资产折旧额，审查企业折旧计算方法是否得当，计算结果是否正确。

对"在建工程"项目的审核，应注意了解企业有无工程预算，各项在建工程费用支出是否核算真实，有无工程支出与生产经营支出混淆的情况等。

无形资产是反映企业的专利权、非专利技术、商标权、土地使用权等各种无形资产的价值。在审查无形资产项目时，应注意企业无形资产期末数与期初数的变化情况，了解企业本期无形资产的变动和摊销情况，并注意企业无形资产的摊销额计算是否正确，有无多摊或少摊的现象。

递延资产包括开办费、固定资产大修理支出、以经营租赁方式租入的固定资产改良支出等。对于"递延资产"项目的审查，应审查期末数与期初数变动的情况，注意企业有无将不属于开办费支出的应由投资者负担的费用和为取得各项固定资产、无形资产所发生的支出，以及筹建期间应当计入资产价值的汇兑损益、利息支出等记入"递延资产"账户的情况，并审核固定资产修理费支出和租入固定资产的改良支出核算是否准确，摊销期限的确定是否合理，各期摊销额计算是否正确。

3．对负债各项目的审查与分析

资产负债表中将负债分为流动负债和长期负债排列。审查中应对流动负债和长期负债各项进行审查，通过报表中期末数与期初数的比较，分析负债的增减变化，对于增减变化数额较大、数字异常的项目，应进一步查阅账面记录，审查企业有无将应转入的收入挂在"应付账款"账面，逃、漏税收的情况。审查企业"应交税费"是否及时、足额上缴，表中"未交税费"项目的金额与企业的"应交税费"贷方的余额是否相符，有无欠缴、错缴等问题。

4．对所有者权益的审查和分析

在审查资产负债表中所有者权益各项目时，主要依据财务制度的有关规定，审核企业投资者是否按规定履行出资义务，资本公积金核算是否正确，盈余公积金及公益金的提留比例是否符合制度的规定，并根据所有者权益各项目期末数和期初数之间的变动数额，分析企业投入资本的情况和利润分配的结果。通过资产负债表的审查与分析，可以大致了解企业的资产分布情况、长短期负债情况和所有者权益的构成情况。在审查资产负债表时，还可以运用一些财务评价指标，如资产负债率、流动比率等对企业的经营状况、偿债能力进行评价。

（二）损益表的审查

损益表是综合反映企业一定时期内（月份、年度）利润（亏损）实现情况的报表。通过对损益表的审查和分析，可以了解企业本期生产经营的成果。由于企业的利润总额是计征所得税的依据，利润总额反映不实，势必影响缴纳的所得税额。

1．销售收入的审查

销售收入的增减，直接关系到税收收入和企业的财务状况及资金周转的速度，影响销售收入变化的主要因素是销售数量和销售价格。审查时，应分别按销售数量和销售单价进行分析。对销售数量的分析应结合当期的产销情况，将本期实际数与计划数或上年同期数进行对比，如果销售数量下降，应注意企业有无销售产品不通过"产品（商品）销售收入"

账户核算的情况或企业领用本企业产品（或商品）而不计销售收入的情况。另外，还应注意销售合同的执行情况，有无应转未转的销售收入。对销售价格的审查，应注意销售价格的变动是否正常，如变动较大，应注意查明原因。企业的销售退回、折扣销售与折让，均冲减当期的销售收入，因此，应注意销售退回的有关手续是否符合规定，销售折扣与折让是否合理、合法，特别是以现金支付的退货款项和折扣、折让款项是否存在套取现金或支付回扣等。

2. 销售成本的审查

对于产品（商品）销售成本的审查，应注意企业销售产品（商品）品种结构的变化情况，注意成本结转时的计价方法是否正确。同时，注意分析期末库存产品（商品）的成本是否真实。对于采用售价核算的商业企业，还应注意结转的商品进销价是否正确。

3. 税金及附加的审查

全面试行"营改增"后，"营业税金及附加"科目名称调整为"税金及附加"科目，该科目核算企业经营活动发生的消费税、城市维护建设税、资源税、教育费附加及房产税、城镇土地使用税、车船税、印花税等相关税费。分析时应注意：一是税率有没有调整变动；二是不同税率的产品产量结构有没有变动；三是企业申报数字是否属实。由于销售收入与税金及附加有密切的联系，两者成正比例增减，因此，要在核实销售收入的基础上，审查核实企业税金及附加的计算结果是否正确，有无错计漏计等情况。

4. 销售利润的审查

销售利润是利润总额的组成部分，审查时应核查企业是否完成销售利润计划，与上期相比有无增减变动，计算出本期销售利润率，并与上期、上年同期的销售利润率进行对比，如果企业生产规模无多大变化，而销售利润率变动较大，可能存在收入、成本计算不实、人为调节销售利润等问题，应进一步审查。

5. 营业利润的审查与分析

企业的营业利润是主营业务的利润加上其他业务利润，减去期间费用后的余额。在审查营业利润增减变动情况时，应注意审查主营业务的利润，注意审查其他业务的收入和为其他业务而发生的各项支出。其他业务收入应纳的流转税通过"其他业务支出"核算，因此，审查时要核实其他业务收入是否真实准确，其他业务支出是否与其他业务收入相配比，有无将不属于其他业务支出的费用摊入的现象。另外，对于属于期间费用的管理费用、财务费用、汇兑损失等要注意审核，对比分析各项费用支出额以前各期和本期的变动情况。如果费用支出增长较大，应进一步查阅有关"管理费用""财务费用"等账户，分析企业各项支出是否合理合法，有无多列多摊费用、减少本期利润的现象。

6. 投资收益的审查与分析

根据会计制度，企业对外投资取得的收益（损失），通过"投资收益"科目进行反映。损益表中的投资收益项目就是根据"投资收益"科目的发生额分析填列的。企业的投资收益包括分得的投资利润、债券投资的利息收入、认购的股票应得的股利及收回投资时发生的收益等。投资收益，应按照国家规定缴纳或者补缴所得税。在审查损益表的投资收益时，应注意企业是否如实反映情况。企业对外投资具有控制权时，是否按权益法记账，投资收益的确认是否准确。

7. 营业外收支项目的审查与分析

企业的营业外收入和营业外支出，是指与企业生产经营无直接关系的各项收入和支出。按照财务制度规定，营业外收入包括：固定资产的盘盈和出售净收益、罚款收入、因债权人原因确实无法支付的应付账款、教育费附加返还款等。营业外支出则包括：固定资产盘亏、报废损毁和出售的净损失、非季节性和非修理期间的停工损失、职工子弟学校经费和技工学校经费、非常损失、公益救济性捐赠和非公益救济性捐赠、税收滞纳金、罚款、赔偿金、违约金等。审查营业外收支数额的变动情况时，对于营业外收入，应注意企业有无将应列入销售收入的款项或收益直接记作营业外收入漏报流转税额。对于营业外支出，应注意开支范围和开支标准是否符合规定，有无突增突减的异常变化。对于超过标准的公益救济性捐赠等在计算应缴所得税时，应调增应纳税所得额。

（三）现金流量表的审查

现金流量表是反映企业在一定会计期间，所从事的经营、投资和筹资等活动对现金及现金等价物影响情况的会计报表。它通过企业现金流入量、现金流出量和现金净流量来反映现金项目从期初到期末的变动过程，提供企业在一定会计期间内现金流入与流出的有关信息，揭示企业的偿债能力、应对突发事件的能力和领导市场能力。

对现金流量表的审查应注意审查核对现金流量表有关项目数字来源及计算的正确性，即主要核对经营活动、投资活动和筹资活动产生的现金流量。

三、会计账簿的审查与分析

会计账簿是以会计凭证为依据，全面地、连续地、系统地记录企业各项资产、负债、所有者权益的增减变化情况，以及经营过程中各项经济活动和财务状况的簿籍。由于会计账簿所记录的经济活动内容更系统和详细，比会计报表所提供的资料更充实、更具体，因此，它是纳税审查的重要依据，为进一步发现问题、核实问题提供了资料。

会计账簿可分为序时账、总分类账和明细分类账。审查时应根据经济业务的分类资料，按照从总分类账到明细分类账、从会计记录到实际情况的顺序进行审查。这样审查，针对性强，可以全面了解各类财产物资和负债等变化情况，系统地考察成本、费用和利润情况。审查分析会计报表，有疑点的地方，需通过账簿审查查证落实。报表的审查可提供进一步深入审查的线索和重点，账簿审查则是逐项审查和落实问题。

（一）序时账的审查与分析

序时账又称日记账，是按照经济业务完成时间的先后顺序登记的账簿。序时账有现金账和银行存款日记账。对现金日记账审查时，应注意企业现金日记账是否做到日清日结，账面余额与库存现金是否相符，有无白条抵库现象，库存现金是否在规定限额之内，现金收入和支付是否符合现金管理的有关规定，有无坐支或挪用现金的情况，有无私设"小金库"的违法行为。并进一步核实现金账簿记录是否正确,计算是否准确,更改的数字是否有经手人盖章。对银行存款日记账的审查,应注意银行存款账所记录的借贷方向是否正确,金额是否与原始凭证相符,各项经济业务是否合理合法,前后页过账的数字、本期发生额合计和期初、期末余额合计是否正确,并应注意将企业银行存款日记账与银行对账单进行核对,审查企业有无隐瞒收入等情况。

(二)总分类账的审查与分析

总分类账是按会计制度中的会计科目设置的,它可以提供企业资产负债、所有者权益、成本、损益各类的总括资料。可以从总体上了解企业财产物资、负债等变化情况,从中分析审查,找出查账线索。审查总分类账时,应注意总分类账的余额与资产负债表中所列数字是否相符;各账户本期借贷方发生额和余额与上期相比较,有无异常的增减变化;特别是对与纳税有关的经济业务,应根据总账的有关记录,进一步审查有关明细账户的记录和相关的会计凭证,据以发现和查实问题。由于总分类账户提供的是总括的资料,一般金额比较大,如果企业某些经济业务有问题,但金额较小,在总分类账中数字变化不明显,则审查时不容易发现。因此,审查和分析总分类账簿的记录,只能为进一步审查提供线索,不能作为定案处理的根据。企业查账的重点应放在明细账簿的审查上。

(三)明细分类账的审查与分析

明细分类账是在总分类账的基础上,对各类资产、负债、所有者权益、成本、损益按照实际需要进行明细核算的账户,是总分类账的详细补充说明。总分类账审查后,根据发现的线索,应重点分析审查明细账,因为有些问题总分类账反映不出来或数字变化不明显。如结转耗用原材料成本所采用的计价方法是否正确、计算结果是否准确等,在总分类账中不能直接看出来,而查明细账则可以一目了然。明细账审查方法主要有如下几种:

(1)审查总分类账与所属明细分类账记录是否相吻合,借贷方向是否一致,金额是否相符。

(2)审查明细账的业务摘要,了解每笔经济业务是否真实合法,若发现疑点应进一步审查会计凭证,核实问题。

(3)审查各账户年初余额是否同上年年末余额相衔接,有无利用年初建立新账之机,采取合并或分设账户的办法,故意增减或转销某些账户的数额,弄虚作假、偷税漏税。

(4)审查账户的余额是否正常、计算是否正确,如果出现反常余额或红字余额,应注意核实是核算错误还是弄虚作假所造成的。

(5)审查实物明细账的计量、计价是否正确,采用按实际成本计价的企业,各种实物增减变动的计价是否准确合理。有无将不应计入实物成本的费用计入实物成本的现象,发出实物时,有无随意变更计价方法的情况。如有疑点,应重新计算,进行验证。

由于企业的账簿种类较多,经济业务量较大,而纳税审查的重点主要是审查企业有无逃税和隐瞒利润等问题。因此,在审查账簿时应有所侧重,重点选择一些与纳税有密切关系的账户,详细审查账簿中的记录,根据有关账户的性质,对借方、贷方、余额等进行有侧重的审查和分析。

上述对各类账簿进行审查时的侧重点，主要针对与税收有关的一些主要账簿而言。在实际工作中，由于各个企业的经济业务不同，审查的目的和侧重点也应有所区别，审查时，应结合企业的特点，根据企业的规模大小、核算水平的高低、内部管理制度的严谨与否，灵活运用查账的方法，以提高纳税审查的工作效率。

四、会计凭证的审查与分析

会计凭证是记录企业经济业务、明确经济责任进行会计处理的书面证明和记账根据，也是纳税审查中核实问题的重要依据。

会计凭证按其填制程序和用途划分，可分为原始凭证和记账凭证两种。原始凭证是在经济业务发生时所取得或者填制的、载明业务的执行和完成情况的书面证明，它是进行会计核算的原始资料和重要依据。记账凭证是由会计部门根据原始凭证编制的，是登记账簿的依据。由于原始凭证和记账凭证的用途不同，因此，审查的内容也不同，但两者有着密切的联系，应结合对照审查。

（一）原始凭证的审查

原始凭证是根据经济业务内容直接取得的最初书面证明，按其取得的来源可以分为自制的原始凭证和外来的原始凭证两种。对外来和自制的原始凭证进行审查，就是审查其真实性和合法性。审查中，为进一步查明问题，还应当把被查的凭证同其他有关的凭证相互核对，若有不符或其他问题，应进一步分析落实。

具体的审查内容和方法如下：

（1）审查内容是否齐全，注意审查凭证的合法性。看凭证记录的经济内容是否符合政策、法规和财务会计制度规定的范围和标准。①审查凭证的真实性。对凭证各项目的经济内容、数据、文字要注意有无涂改、污损、伪造、大头小尾等问题，并进行审查分析，从中发现问题。②审查凭证的完整性。对凭证上的商品名称规格、计量单位、大小写金额和填制日期仔细核对，应注意填写的内容是否清晰、计算的结果是否准确。③审查自制的原始凭证手续是否完备，应备附件是否齐全。对差旅费报销还应与所附车船票、住宿费单据核对，看内容、金额是否相符。

（2）审查有无技术性或人为性的错误。主要通过产成品（库存商品）、原材料（材料物资）等出入库凭证的检查，看有无产品（商品）销售后收取的现金不入账，减少当期收入的情况；有无多列、虚列材料（商品）成本的情况；通过对成本类原始凭证的检查，看纳税人是否区分了本期的收支与非本期的收支、基本业务收支与营业外收支、资本性支出与收益性支出等。有无因此而影响当期或后期计税所得额的情况。

（3）审查有无白条入账的情况。要注意审查自制凭证的种类、格式及使用是否符合财务制度的规定，审批手续是否健全，有无白条代替正式凭证的现象。对收款凭证要注意其号码是否连接，如发现缺本、缺页、审批手续不全的，应进一步查明原因。在审查支出凭证所记载的内容是否遵守制度规定的开支范围和标准时，要注意有无白条作支出凭证的情况。费用支出报销单如图9-3所示。

费用支出报销单

部门：销售部　　　　　　　　　　202×年 3 月 1 日

摘要	费用项目（子项目）	金额
撤销柜台租赁费	销售费用（租赁费）	860.00
合计	人民币（大写）捌佰陆拾元整	

财务主管：赵秀　　单位负责人：张天元　　部门领导审核：王南　　审核会计：李丽　　经手人：李红

图9-3　费用支出报销单

（二）记账凭证的审查

记账凭证是由会计人员对原始凭证归类整理而编制的，是登记账簿的依据。记账凭证的审查主要从以下几个方面进行：

（1）审查所附原始凭证有无短缺，两者的内容是否一致。首先要注意记账凭证与原始凭证的数量、金额是否一致。有的记账凭证往往附有一些原始凭证，如支票存根发票联、差旅费报销单、医药费单据等，应认真检查核对。有的原始凭证金额不能简单地加总，还需要按规定分析填制记账凭证，通过复核，看其是否与记账凭证所反映的金额相符。

（2）审查会计科目及其对应关系是否正确。会计事项的账务处理及其科目的对应关系在会计制度中一般都有明确规定，如果乱用会计科目或歪曲会计科目，就可能出现少缴或未缴税款的情况。例如，企业销售产品（商品），不通过销售收入账户进行核算，而直接以借记"银行存款"（或"应收账款"）科目，贷记"产成品（库存商品）"科目的错误对应关系来处理，就掩盖了销售收入，漏掉了增值税，而且也影响了企业利润和所得税。

（3）记账凭证的会计科目与原始凭证反映的经济业务内容是否相符。审查时应注意会计凭证的摘要说明与原始凭证的经济内容是否相符，如不相符，应注意纳税人是不是有意的，如收到对方的预收货款收款收据后，将其作为购货凭证登记"库存商品"或"材料物资"，取得正式发票后又重复入账的；将应记入"应付福利费""在建工程"的支出列入直接费用或期间费用的；将应记入"固定资产"原价的支出作为"低值易耗品"或"管理费用"入账的；将应记入"待摊费用"分期摊销却列入当期生产成本一次摊销的。付款凭证如图9-4所示。

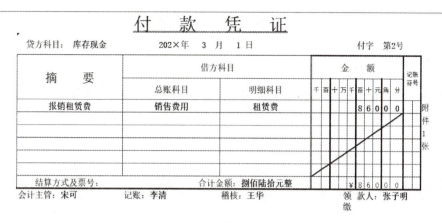

图 9-4 付款凭证

五、不同委托人代理审查的具体内容

（一）代理审查按流转额征税税种的主要内容

按流转额征税的主要税种有增值税、消费税。增值税是以增值额为计税依据的，应主要审查销售额及适用税率的确定、划清进项税额可抵扣与不允许抵扣的界限、界定免税项目是否符合规定、审查增值税专用发票的使用。对于消费税应侧重于征税对象和计税依据的审查，同时注意纳税人是否在规定环节申报纳税、适用税目税率是否正确、减免税是否符合税法的规定。

（二）代理审查按所得额征税税种的主要内容

所得税的计税依据是应纳税所得额，应纳税所得额是以利润总额加调整项目金额，利润总额是由销售收入扣除成本费用项目后的余额。审查应纳税所得额的正确性，主要应审查：销售收入的正确性，成本额的正确性，成本与费用划分的正确性，营业外收支的正确性以及税前调整项目范围、数额的正确性。

（三）代理审查按资源、财产、行为征税税种的主要内容

这类税种类多，但计税相对较为简单，审查时着重计税依据的真实性，如印花税的计税依据为各类账、证、书据应贴花的计税金额。

任务三 账务调整的基本方法

在代理人对纳税人的纳税情况进行全面审查后，对于有错漏问题的会计账目，按照财

务会计制度进行账务调整，使账账相符、账证相符、账实相符。

一、账务调整的作用

根据审查结果，正确、及时地调整账务，既可防止明补暗退，又可避免重复征税，保证企业会计核算资料的真实性。我国现行的各种应缴税费的形成一般都在纳税人的会计资料中有所反映，如增值税应缴税费的确定是根据"应交税费——应交增值税"账户内的借贷方发生额确定的，可见会计资料是计算缴纳税费的基础。因会计核算错误而导致的多缴税款或少缴税款，应先调整账务，然后确定应补或退税额。否则，下次征收时税务部门如不做调整计算，将会把查补的税款原封不动地退还给企业，使查账结果前功尽弃。如所得税的审查，由于所得税是根据累计应纳税所得额计算征收的，如果对查增的应纳税所得额在补缴所得税后企业不进行账务调整，到下月申报时，累计所得额中自然不包括查增的应纳税所得额，但在扣除已缴所得税时包括了查补的税款。年终汇算时，年终应纳税所得额也就不包括查增的数额，使查账的结果前功尽弃。再者，查增的应纳税所得额，如果有些是属于应在当年实现的收入或利润，被人为地推迟到下年度实现，审查后已按其调增的所得额补缴了所得税，企业如不做账务调整，就有可能再次计算缴纳税款。为避免企业重复纳税，也必须进行账务调整。

二、账务调整的原则

账务调整要与现行财务会计准则相一致，要与税法的有关会计核算相一致。账务调整要与会计原理相符合。调整错账需要做出新的账务处理来纠正原错账。所以，新的账务处理业务必须符合会计原理和核算程序，反映错账的来龙去脉，清晰表达调整的思路；还应做到核算准确，数字可靠，正确反映企业的财务状况和生产经营情况，并使会计期间上下期保持连续性和整体性；同时还要坚持平行调整，在调整总账的同时调整相应的明细账户。

调整错账的方法应从实际出发，简便易行。既要做到账实一致，反映查账的结果，又要坚持从简账务调整的原则。在账务调整方法的运用上，能用补充调整法则不用冲销调整法，尽量做到从简适宜。

三、账务调整的方法

在一个会计年度结账前，税务师查出纳税人的错账就要进行调整。调整方法主要有以下几种：

（一）红字冲销法

红字冲销法就是先用红字冲销原错误的会计分录，再用蓝字重新编制正确的会计分录，重新登记账簿。它适用于会计科目用错及会计科目正确但核算金额错误的情况。一般在及时发现错误,没有影响后续核算的情况下多使用红字冲销法。

例1:某税务师事务所审查某工业企业的纳税情况发现,该企业将自制产品用于分配股东利润,所用产品的成本为3 000元,不含税销售价为4 000元,增值税税率为17%,企业会计处理为:

借:应付股利	4 680
贷:主营业务收入	4 000
应交税费——应交增值税(销项税额)	680
借:主营业务成本	3 000
贷:库存商品	3 000

代理师认为:企业将自产的应纳增值税的货物用于非应税项目,应视同销售货物计算应缴增值税。此笔账会计科目运用正确,错误在于多记金额。

做账务调整分录如下:

借:主营业务收入	1 000
贷:应付股利	1 000

(二)补充登记法

补充登记法就是通过编制转账分录,将调整金额直接入账,以更正错账。它适用于漏记或错账所涉及的会计科目正确,但核算金额小于应计金额的情况。

例2:某税务师事务所审查某企业的纳税情况,发现该企业本月应计提累计折旧5 400元,实际计提4 800元,在本年度纳税审查中发现少计提600元,企业的会计处理为:

借:制造费用	4 800
贷:累计折旧	4 800

税务师认为:企业的此笔账务处理所涉及的会计科目的对应关系没有错误,但核算金额少计600元,用补充登记法做调账分录为:

借:制造费用	600
贷:累计折旧	600

(三)综合账务调整法

综合账务调整法就是将红字冲销法与补充登记法综合起来运用,一般适用于错用会计科目的情况,而且主要用于所得税纳税审查后的账务调整,如果涉及会计所得,可以直接调整"本年利润"账户。

综合账务调整法一般运用于会计分录借贷方有一方会计科目用错,而另一方会计科目没有错的情况。正确的一方不调整,错误的一方用错误科目转账调整,使用正确科目及时调整。漏账,可以在当期的有关账户直接进行调整。

例3:某企业将专项工程耗用材料列入管理费用6 000元。

借:管理费用	6 000
贷:原材料	6 000

税务师认为：上述会计分录借方错用会计科目，按会计准则规定专项工程用料应列入"在建工程"科目。

调整分录为：

借：在建工程　　　　　　　　　　　　　　　　　　　6 000
　　贷：管理费用　　　　　　　　　　　　　　　　　　6 000

同样，如果以上所举例的错账是在月后发现，而企业又是按月结算利润的，则影响到利润的项目还应通过"本年利润"科目调整。

如，按上例，设为月度结算后发现错账，则调整分录为：

借：在建工程　　　　　　　　　　　　　　　　　　　6 000
　　贷：本年利润　　　　　　　　　　　　　　　　　　6 000

项目十

代理税务行政复议

知识目标

- 了解税务行政复议的有关规定
- 了解税务行政复议的管辖原则
- 熟悉税务行政复议的基本流程
- 熟悉税务行政复议的代理流程

技能目标

- 能明确税务行政复议的受案范围
- 能制作税务行政复议申请书
- 能进行税务行政复议代理

行政复议

素质目标

1. 培养学生的风险防范意识、安全意识；
2. 培养学生依法维护自身及企业合法权益的意识。

思维导图

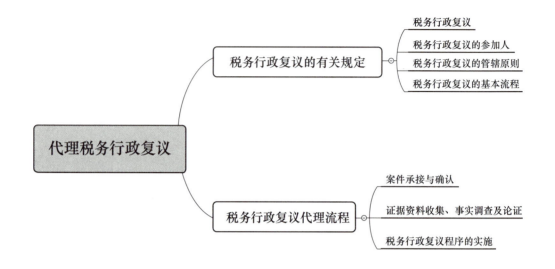

案例导入

税务局于2017年1月25日对祥云空气净化有限责任公司2016年度纳税情况进行检查，发现欠缴地方税金126 023.90元，祥云空气净化有限责任公司对有关事实及证据没有异议。2017年2月10日税务局据此做出《税务处理决定书》并于当日送达。该公司未按决定书的要求补缴税款。2017年3月23日，税务局书面责令其于2017年3月28日前缴清税款。期满后祥云空气净化有限责任公司仍未缴纳税款。2017年4月2日，税务人员在依法办理手续后采取税收强制执行措施，依法扣押了该公司一辆价值近13万元的小汽车，车辆价值经过合法的拍卖机构评估，开具了《扣押商品、货物、财产专用收据》，注明了数量、单价和金额，并将小汽车开至税务局保管。

当日下午，祥云空气净化有限责任公司和市工商银行有关人员来到税务局，要求税务局解除对这辆小汽车的扣押。其理由是：祥云空气净化有限责任公司已经将该汽车作为抵押从工商银行取得贷款10万元，虽然祥云空气净化有限责任公司没有转移对抵押汽车的占有，但将充当抵押财产的汽车的所有权暂时让渡给了工商银行，因此，在祥云空气净化有限责任公司未按期归还银行贷款本息之前，这辆汽车的所有权属于工商银行而不属于祥云空气净化有限责任公司。现在该公司并未归还贷款本息，因此，汽车属于工商银行所有，税务局不应该扣押这辆汽车。

税务局通过调查得知，这辆汽车是2017年2月16日抵押给工商银行的，因此要求祥云空气净化有限责任公司另外提供可供扣押的价值相当于应纳税款的财产，但是，该公司已没有其他可供扣押的财产。税务局决定不予解除扣押。祥云空气净化有限责任公司对税务局的处理决定表示不服，找到税务行政复议代理机构，决定申请行政复议。那么什么是行政复议？又该如何申请？具体的流程是什么？

任务一　税务行政复议的有关规定

行政复议制度是行政机关依法解决行政争议、化解社会矛盾、加强层级监督、促进依法行政的一项重要法律制度。

现行行政复议制度以"以人为本，复议为民，和谐社会，化解矛盾"为指导思想，力将行政争议化解在基层、化解在初发阶段、化解在行政系统内部；密切政府同人民群众的关系，维护政府形象；发挥行政复议制度在构建和谐社会中的重要作用。据统计，目前经过复议后大约有83.7%的案件不再提起行政诉讼，行政复议制度以其程序简单、受理便捷、不收费等优点，成为法治政府的"助推器"、和谐社会的"减压阀"。

一、税务行政复议

税务行政复议是指税务行政相对人不服税务机关做出的具体行政行为，向法定税务行政复议机关提出申请，税务行政复议机关依法对原具体税务行政行为的合法性与适当性进行审查后，做出裁决的一种行政司法活动。因此，引发税务行政复议的前提，是征纳双方产生的税收争议。

（一）税务行政复议的受案范围

税务行政复议的受案范围如表10-1所示。

表10-1　税务行政复议的受案范围

税务行政复议的受案范围	具体内容
税务机关做出的征税行为	税务机关做出的征税行为包括确认纳税主体、征税对象、征税范围、减税、免税、退税、抵扣税款、适用税率、计税依据、纳税环节、纳税期限、纳税地点和税款征收方式等具体行政行为，以及征收税款、加收滞纳金，扣缴义务人、受税务机关委托的单位和个人做出的代扣代缴、代收代缴、代征行为等
行政许可、行政审批行为	（1）价格鉴证师注册核准；（2）甲级价格评估机构资质认定；（3）开采黄金矿产资质认定；（4）地质资料保护登记；（5）经营流通人民币审批；（6）进入全国银行间同业拆借市场审批；（7）商业银行跨境调运人民币现钞审核；（8）中药材生产质量管理规范（GAP）认证
发票管理行为	包括发售、收缴、代开发票等
税务机关做出的税收保全措施、强制执行措施	税收保全措施包括：税务机关书面通知银行或者其他金融机构冻结存款；扣押、查封价值相当于应纳税款的商品、货物或其他财产。税收强制执行措施包括：书面通知银行或者其他金融机构从纳税人的存款中扣缴税款；变卖、拍卖扣押、查封的商品、货物或者其他财产
税务机关做出的行政处罚行为	（1）罚款；（2）没收财物和违法所得；（3）停止出口退税权
税务机关不依法履行下列职责的行为	（1）发税务登记证；（2）开具、出具完税凭证、外出经营活动税收管理证明；（3）行政赔偿；（4）行政奖励；（5）其他不依法履行职责的行为
税务机关做出的资格认定行为	增值税一般纳税人的资格认定；小规模纳税人资格认定
税务机关不依法确认纳税担保行为	不依法确认出境纳税担保行为等

二、税务行政复议的参加人

（一）税务行政复议的申请人

税务行政复议的申请人是指认为税务机关的具体行政行为侵犯其合法权益，向税务行政复议机关申请行政复议的公民、法人和其他组织，也包括在中华人民共和国境内向税务机关申请行政复议的外国人、无国籍人和外国组织。

（二）税务行政复议的被申请人

申请人对具体行政行为不服申请行政复议的，税务行政复议的被申请人，是指做出引起争议的具体行政行为的税务机关。

（1）申请人对扣缴义务人的扣缴税款行为不服的，主管该扣缴义务人的税务机关为被申请人；

（2）对税务机关委托的单位和个人的代征行为不服的，委托税务机关为被申请人；

（3）税务机关与法律、法规授权的组织以共同的名义做出具体行政行为的，税务机关和法律、法规授权的组织为共同被申请人；

（4）税务机关与其他组织以共同名义做出具体行政行为的，税务机关为被申请人；

（5）税务机关依照法律、法规和规章规定，经上级税务机关批准做出具体行政行为的，批准机关为被申请人；

（6）申请人对经重大税务案件审理程序做出的决定不服的，审理委员会所在税务机关为被申请人；

（7）税务机关设立的派出机构、内设机构或者其他组织，未经法律、法规授权，以自己名义对外做出具体行政行为的，税务机关为被申请人。

（三）税务行政复议的第三人

税务行政复议的第三人是指与申请复议的具体行政行为有利害关系的个人或组织。所谓"利害关系"，一般是指经济上的债权债务关系、股权控股关系等。

行政复议期间，行政复议机关认为申请人以外的公民、法人或者其他组织与被审查的具体行政行为有利害关系的，可以通知其作为第三人参加行政复议。

行政复议期间，申请人以外的公民、法人或者其他组织与被审查的税务具体行政行为有利害关系的，可以向行政复议机关申请作为第三人参加行政复议。

第三人不参加行政复议，不影响行政复议案件的审理。

（四）税务行政复议的代理人

税务行政复议的代理人是指接受当事人委托，以被代理人的名义，在法律规定或当事人授予的权限范围内，为代理复议行为而参加复议的个人。

申请人、第三人可以委托 1~2 名代理人参加行政复议。

申请人、第三人委托代理人的，应当向行政复议机构提交授权委托书。授权委托书应当载明委托事项、权限和期限。公民在特殊情况下无法书面委托的，可以口头委托。口头委托的，行政复议机构应当核实并记录在卷。

申请人、第三人解除或者变更委托的，应当书面告知行政复议机构。

被申请人不得委托本机关以外人员参加行政复议。

三、税务行政复议的管辖原则

根据《行政复议法》和《税务行政复议规则（试行）》的规定，我国税务行政复议管辖的基本制度原则上是实行由上一级税务机关管辖的一级复议制度。具体内容如表 10-2 所示。

表 10-2 税务行政复议的管辖原则

序号	情形	管辖机关	其他规定
1	对各级国家税务局的具体行政行为不服	上一级国家税务局	
2	对各级地方税务局的具体行政行为不服	上一级地方税务局或者该税务局的本级人民政府	省级人大及其常委会、省级人民政府另有规定的，从其规定
3	对国家税务总局的具体行政行为不服	国家税务总局	对行政复议决定不服，申请人可以向人民法院提起行政诉讼，也可以向国务院申请裁决。国务院的裁决为最终裁决
4	对计划单列市国家税务局的具体行政行为不服的	国家税务总局	【解释】计划单列市：大连、青岛、宁波、厦门、深圳
5	对计划单列市地方税务局的具体行政行为不服的	省地方税务局或者本级人民政府	
6	对税务所（分局）、各级税务局的稽查局的具体行政行为不服	所属税务局	有左侧所列情形之一的，申请人也可以向具体行政行为发生地的县级人民政府提交行政复议申请，由接受申请的县级地方人民政府依法转送
7	对两个以上税务机关共同做出的具体行政行为不服	共同上一级税务机关	有左侧所列情形之一的，申请人也可以向具体行政行为发生地的县级人民政府提交行政复议申请，由接受申请的县级地方人民政府依法转送
8	对税务机关与其他行政机关共同做出的具体行政行为不服	共同上一级行政机关	有左侧所列情形之一的，申请人也可以向具体行政行为发生地的县级人民政府提交行政复议申请，由接受申请的县级地方人民政府依法转送
9	对被撤销的税务机关在撤销前所做出的具体行政行为不服	继续行使其职权的税务机关的上一级税务机关	有左侧所列情形之一的，申请人也可以向具体行政行为发生地的县级人民政府提交行政复议申请，由接受申请的县级地方人民政府依法转送

续表

序号	情形	管辖机关	其他规定
10	对税务机关做出逾期不缴纳罚款"加处罚款"的决定不服	做出行政处罚决定的税务机关	有左侧所列情形之一的,申请人也可以向具体行政行为发生地的县级人民政府提交行政复议申请,由接受申请的县级地方人民政府依法转送
11	对"已处罚款"和"加处罚款"都不服	一并向做出行政处罚决定的税务机关的上一级税务机关申请	有左侧所列情形之一的,申请人也可以向具体行政行为发生地的县级人民政府提交行政复议申请,由接受申请的县级地方人民政府依法转送

四、税务行政复议的基本流程

（一）纳税人应提供资料

（1）《复议申请书》（2份）或《行政复议申请笔录》；

（2）税务机关做出具体行政行为的文书；

（3）代理人参加复议活动，必须向税务行政复议机关递交由申请人签名或盖章的授权委托书。

（二）办理流程

（1）申请人或委托代理人不服税务机关做出的具体行政行为时，在60日内提出书面或口头申请。书面申请的，向税务行政复议机关提交《复议申请书》；口头申请的，应当填写《口头复议申请登记表》，记录申请人的基本情况、行政复议请求、申请行政复议的主要事实、理由和时间，同其他相关资料报税务行政复议机关政策法规部门。

（2）税务行政复议机关政策法规部门对复议受理审查。

对于不符合法定条件的复议申请，决定不予受理，并制作《不予受理通知书》，书面告知不予受理的理由和诉权。申请人对不予受理通知书无异议，复议案件终结，材料归档。复议机关无正当理由不予受理的，上级机关应当责令其受理；必要时，上级机关也可以直接受理。

申请人提交资料不全或者填写内容不符合规定的，一次性告知申请人补正或重新填报。

对申请书符合法定条件的，制作《受理复议通知书》，书面告知申请人自收到申请之日起受理复议。

发现受理的复议案件不属于管辖范围的，转交给有管辖权的税务行政复议机关。有管辖权的税务行政复议机关接受移送的复议申请后，不得再自行移送。

（三）办理时限承诺

（1）复议机关收到行政复议申请后，在5日内进行审查，决定是否受理。对不符合本规则规定的行政复议申请,决定不予受理,并书面告知申请人。

(2)复议机关自受理申请之日起 60 日内做出行政复议决定。情况复杂,不能在规定期限内做出行政复议决定的,经复议机关负责人批准,可以适当延长,并告知申请人和被申请人;但延长期限最多不超过 30 日。

具体流程如图 10-1 所示。

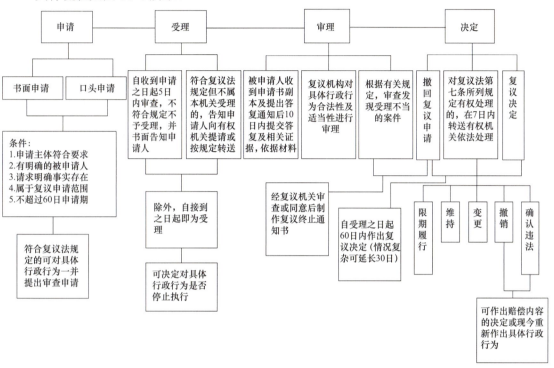

图 10-1 税务行政复议的基本流程

任务二 税务行政复议代理流程

一、案件承接与确认

(一)获取案件资料

在案件谈判签约初期,需要当事人提交初步的案件资料,为分析涉税争议事项及选择采取何种法律救济方式奠定基础。建议在与当事人会见前,把当事人需要携带的材料制作成清单并告知当事人,以便当事人在会见时能够直接提供材料,或者可以要求当事人将有关材料的电子版在会见前提供。所需资料包括但不限于:

(1)当事人身份信息证明资料;

（2）涉税争议的经济业务证明资料；
（3）涉税争议的会计、税务处理证明资料；
（4）税务机关出具的税务事项告知书、通知书等程序性文书；
（5）税务机关出具的税务处理决定书、税务行政处罚决定书；
（6）当事人补缴税款、滞纳金及缴纳罚款信息或证明资料。

（二）分析涉税争议类别

取得当事人提供的初步的涉税争议案件材料后，需要初步分析涉税争议的焦点、涉税争议的类型。代理人可以从程序法与实体法等维度对当事人的涉税争议类型进行分析，以便于为评价税务行政行为和选择具有可操作性的法律救济程序奠定基础。

1. 常见的税收程序性争议

通常较为多发的税收程序性争议主要包括：
（1）税收强制措施争议；
（2）税收强制执行争议；
（3）税收保全措施争议；
（4）其他税收征管程序争议。

2. 常见的税收实体性争议

通常较为多发的税收实体性争议主要包括：
（1）纳税争议；
（2）税务行政处罚争议；
（3）税收撤销权争议；
（4）税收代位权争议；
（5）税收行政赔偿争议；
（6）特别纳税调整争议。

根据税收征管法的规定，所谓纳税争议是指当事人对税务机关做出的征税行为不服，包括确认纳税主体、征税对象、征税范围、减税、免税及退税、适用税率、计税依据、纳税环节、纳税期限、纳税地点，以及税款征收方式等具体行政行为和征收税款、加收滞纳金及扣缴义务人、受税务机关委托征收的单位做出的代扣代缴与代收代缴行为；以及当事人对税务机关不予审批减免税或者出口退税、不予抵扣税款、不予退还税款不服。

（三）评价税务行政行为

锁定涉税争议的焦点及类型后，需要对税务机关所做出的税务行政行为进行初步的评价，得出初步的评价结论，考察税务行政行为是否存在违反法律法规、违反税法原则及不合理的情形。

对税务行政行为的分析、评价流程如下：
（1）分析、评价税务机关认定的违法事实及证据资料。
（2）检索、评价税务机关依据的法律、法规、规章、规范性文件及各条款内容。

（3）考察税务机关对法律依据、违法事实及处理结果的适用逻辑。

（4）分析、评价税务行政行为的合法性可能存在的缺陷，主要包括：①认定事实不清、证据不足；②适用法律依据错误；③滥用职权；④超越职权；⑤违反法定程序；⑥欠缺正当程序。

（5）分析、评价税务行政行为的合理性可能存在的缺陷。如果税务行政行为属于自由裁量性的行政行为，那么需要评价该行政行为是否在以下几个方面明显不当：①违反税收公平原则；②违反实质重于形式原则；③违反税收中性原则；④违反比例原则；⑤违反信赖利益保护原则。

（四）评估案件承接的可行性

代理人需要对案件本身是否具有可救济性做出理性和清晰的判断。在分析、考察所获取的案件初步材料，以及得出的税务行政行为在合法性和合理性上可能存在的缺陷点的基础上，需要综合判断为证明税务行政行为存在可撤销性所需要的各种事实证据资料和法律法规依据，同时也要分析、判断法定救济程序是否具有可启动性。

1. 税务行政行为可撤销性的判断

经过代理人的初步分析、判断，当事人所涉税务争议中的税务行政行为确实存在合法性和合理性问题的，代理人需要列举出进一步证明税务行政行为合法性缺陷及合理性缺陷所需要的事实证据资料，检索和搜集有利于当事人的税收法律法规，同时也要从整体角度对案件的事实及税法规定做出利弊分析判断。

如果在税务行政行为只是存在较小的、可以依法弥补的合法性缺陷，或者其合理性缺陷并不显著的情形下，那么该税务行政行为的可撤销性不大，法律救济的作用将不会明显。与此同时，代理人也要准确理解当事人对案件结果的期待和可以接受的程度。

2. 税务行政复议可选择性的判断

税务行政复议救济程序的适用对象是税务机关做出的具体行政行为，具有法定的启动条件。如果涉税争议属于纳税争议的，当事人应当先缴纳税款及滞纳金或者提供相应担保，才有权启动复议程序。如果涉税争议不属于纳税争议的，可以直接提请复议。

除启动条件外，代理人还需要判断提请复议的时间是否存在超期的问题。如果是纳税争议案件，当事人应当在税务机关规定的期限内缴纳税款及滞纳金或者提供相应担保之日起60日内提请复议申请；如果是非纳税争议的，当事人应当在知道税务机关做出的具体行政行为（即收到相关税务文书）之日起60日内提请复议申请。

（五）确认案件的承接

代理人能够初步得出税务行政行为存在合法性、合理性缺陷且案件事实及税收法律政策依据对当事人更为有利的结论，并且提请税务行政复议的法定条件和期限均不存在障碍，则从技术层面，案件具有可救济性和可操作性。进入案件承接环节，代理人需要完成的工作包括但不限于：

（1）成立项目团队、确定项目成员；

（2）考虑是否与其他专业人士合作；
（3）签订委托代理协议；
（4）制作、签署授权委托书、法人代表身份证明等手续性材料；
（5）安排、制作工作计划及时间表。

二、证据资料收集、事实调查及论证

在这一环节，代理人需要准确、全面地把握涉税争议的经济事实、相关的税法规定，这就需要当事人给予代理人充分的支持和信任。代理人通过考察事实证据资料，分析税法具体规定，多角度进一步论证税务行政行为的合法性问题和合理性问题。代理人可以根据法律适用的基本逻辑思路分三步走：调查事实与证据—分析税法规定—结论。

（一）证据资料收集与事实调查

代理人应当对涉税争议的经济业务事项进行调查并收集各项证据资料，分析税务机关在认定违法事实上是否存在错误。

（1）涉税经济业务事项调查与证据资料收集；
（2）涉税经济业务事项的会计、税务处理调查与证据资料收集。

代理人完成证据资料收集和事实调查后需要制作证据清单，并需要得出对当事人有利的事实结论。

（二）税法、政策依据检索与适用分析

在分析税法依据环节，代理人应当遵循以下工作流程：

1. 检索法律、法规、规章、规范性文件

（1）汇总税务机关在税务文书中明确适用的税法规定；
（2）检索基于税务机关事实认定结论导向的税法规定；
（3）检索基于代理方事实认定结论导向的税法规定。

2. 分析税务机关适用税法是否存在错误

税务机关适用税法存在错误主要包括两个方面：一个是税务机关认定违法事实错误，一个是税务机关做出具体行政决定错误。因此，代理人也应当围绕上述两个方面，分析找出税务机关在完成上述两项法律适用活动的过程中具体存在哪些法律适用错误的问题，这些细节性错误主要包括：

（1）所适用的税法效力有瑕疵或无效；
（2）所适用的税法有效力位阶冲突；
（3）适用税法存在缺漏；
（4）对税法具体条文的理解错误；
（5）对税法具体条文不当地限缩或扩张解释；
（6）适用税法时选择的文本、条、款、项错误；

（7）适用税法的基本推演逻辑错误。

（三）其他合法性缺陷的调查、分析与论证

除"认定事实不清、证据不足"及"适用法律错误"外，行政行为的合法性分析还包括法定程序和执法权限两个方面。代理人应当根据我国税收征管法及相关税法的规定，分析税务机关在执法过程中是否存在违反法定程序的问题，以及其是否存在滥用职权、超越职权的问题。

综合以上三个方面，代理人应当对争议税务行政行为的合法性方面具有较为完整和系统的分析论证及事实证据资料、税法依据的支撑，为后续具体提起税务行政复议、提交复议申请书及出具代理意见奠定基础。

（四）对裁量性税务行政行为的合理性分析

在税务行政复议程序中，复议机关不仅要审查税务行政行为的合法性，也要审查其合理性问题。因此，对于裁量性税务行政行为，代理人还需要进一步分析判断其合理性方面是否存在缺陷。通常情况下裁量性税务行政行为的合理性缺陷主要表现在以下几个方面：

1. 违反税法的基本原则

针对某一经济事项，当税法没有明确规定或规定得极为粗糙、简陋且当事人与税务机关就税法适用问题发生争议的，代理人需要基于税法的基本原则及税法的立法目的、精神对税法条文做出解读。通常需要援引的税法原则包括税收公平原则、实质重于形式原则及税收中性原则。

2. 违反行政法的基本原则

税收执法行为在本质上属于行政执法行为，因此税务机关除遵循税法的基本原则外还要遵循行政法的基本原则。代理人通常需要考察税务机关的执法行为是否存在违反正当程序原则、比例原则（适当原则）及信赖保护原则。

3. 对税务行政处罚的特殊考量

（1）是否存在从轻或者减轻处罚而未从轻或者减轻处罚的情形。

根据《中华人民共和国行政处罚法》第三十二条的规定，当事人存在以下情节之一的，应当从轻或者减轻行政处罚：

①主动消除或者减轻违法行为危害后果的；
②受他人胁迫或者诱骗实施违法行为的；
③主动供述行政机关尚未掌握的违法行为的；
④配合行政机关查处违法行为有立功表现的；
⑤法律、法规、规章规定其他应当从轻或者减轻行政处罚的。

（2）是否存在应当不予处罚而仍给予处罚的情形。

根据《中华人民共和国行政处罚法》及《中华人民共和国税收征管法》的规定，存在以下情形的不予或免于处罚：

①违法行为轻微并及时纠正，没有造成危害后果的；

②违反税收法律、行政法规应当给予行政处罚的行为，在五年内未被发现的。

三、税务行政复议程序的实施

（一）确定申请人、被申请人及复议受理机关

1. 确定申请人

申请人是拟被提请复议的税务行政行为的行政相对人，通常是代理人的委托人，具体情形包括：

（1）公民：以自己名义提起；死亡的，近亲属提起；无行为能力或限制行为能力的，法定代理人提起。

（2）企业：以企业名义提起；

（3）合伙企业：以企业名义提起；

（4）其他合伙组织：以合伙人共同提起；

（5）不具备法人资格的其他组织：以主要负责人代表提起；

（6）法人或组织终止的：承受其权利的法人或组织提起。

2. 确定被申请人

通常，做出具体税务行政行为的税务机关是被申请人，被申请人的确定对于权益救济具有至关重要的作用，同时被申请人的确定也为确定复议受理机关铺就通道。但是，在复杂的税务行政执法事项中，被申请人的确定并非易事，本书结合有关规定总结常见的情形如下：

（1）具体税务行政行为由多个税务机关共同做出的，均是共同被申请人；

（2）具体税务行政行为经批准后由税务机关做出的，做出批准决定的税务机关是被申请人；

（3）申请人对扣缴义务人的扣缴税款行为不服的，主管该扣缴义务人的税务机关为被申请人；

（4）申请人对税务机关委托的单位和个人的代征行为不服的，委托税务机关为被申请人；

（5）税务机关与法律、法规授权的组织以共同名义做出具体行政行为的，税务机关和法律、法规授权的组织为共同被申请人；

（6）税务机关与其他组织以共同名义做出具体行政行为的，税务机关为被申请人；

（7）税务机关设立的派出机构、内设机构或者其他组织，未经法律、法规授权，以自己名义对外做出具体行政行为的，税务机关为被申请人；

（8）申请人对经重大税务案件审理程序做出的决定不服的，审理委员会所在税务机关为被申请人；

（9）对被撤销的税务机关在撤销以前所做出的具体行政行为不服的，继续行使其职权的税务机关为被申请人。

3. 确定复议受理机关

被申请人的确定是复议受理机关确定的基础。在税务行政复议中，复议受理机关的确定规则如下：

（1）被申请人是地方上各级国家税务局的，复议机关是上一级国家税务局；

（2）被申请人是地方上各级地方税务局的，复议机关是上一级地方税务局或者被申请人同级的人民政府；

（3）被申请人是省一级国家税务局、计划单列市国家税务局或国家税务总局的，复议机关是国家税务总局；

（4）被申请人是税务所、税务分局、税务局的稽查局的，复议机关是其所属税务局；

（5）被申请人是两个以上税务机关的，复议机关是共同上一级税务机关；

（6）被申请人是税务机关和其他行政机关的，复议机关是共同上一级行政机关。

（二）关注复议提请期限

尽管本书将复议提请期限的内容放置在实施环节，但是这一事项的关注必须贯穿在提交申请书之前的工作始终，切忌超期提交申请。复议提请期限的确定规则如下：

（1）当场做出具体行政行为的，自具体行政行为做出之日起60日内提出；

（2）载明具体行政行为的法律文书直接送达的，自受送达人签收之日起60日内提出；

（3）载明具体行政行为的法律文书邮寄送达的，自受送达人在邮件签收单上签收之日起60日内提出；没有邮件签收单的，自受送达人在送达回执上签名之日起60日内提出；

（4）具体行政行为依法通过公告形式告知受送达人的，自公告规定的期限届满之日起60日内提出；

（5）税务机关做出具体行政行为时未告知申请人，事后补充告知的，自该申请人收到税务机关补充告知的通知之日起60日内提出；

（6）被申请人能够证明申请人知道具体行政行为的，自证据材料证明其知道具体行政行为之日起60日内提出；

（7）申请人需要补缴税款的纳税争议，申请人应当在税务机关规定的期限内补缴税款或提供相应担保，并自税务机关确认补缴税款或担保之日起60日内提出申请；

（8）被申请人不作为的，申请人自被申请人的法定履行期限届满之日起60日内提出，没有法定履行期限的，自税务机关收到申请满60日起计算。

（三）制作、提交复议申请书

基于上述工作奠定的成果，代理人可以制作出较为全面和详尽的复议申请书，复议申请书中的核心内容是复议申请、事实及理由。当然，对于纳税争议，还需要申请人在被申请人规定的期限内完成缴纳税款及滞纳金或提供相应担保的工作。此部分的工作流程如下：

1. 按照被申请人规定的期限缴纳税款及滞纳金或者提供相应担保
2. 制作复议申请书

代理人的代理意见可以直接在复议申请书中表述。复议请求以撤销税务行政行为为准，根据代理人在第二阶段的工作将案件的事实及理由充分阐述。理由包括但不限于：

（1）税务行政行为认定事实不清、证据不足；
（2）税务行政行为适用法律错误；
（3）税务行政行为违反法定程序；
（4）税务行政行为超越职权或者滥用职权；
（5）税务行政行为违反税法公平原则等。

3．行政复议申请书格式

行政复议申请书格式如下：

行政复议申请书（公民/法人或者其他组织）

申请人：（姓名）_____ 性别_____ 出生年月_____
身份证（其他有效证件）号码_____ 工作单位_____
住所（联系地址）_____ 邮政编码_____ 电话_____
［（法人或者其他组织）（名称）_____
住所（联系地址）_____ 邮政编码_____ 电话_____
法定代表人或者主要负责人（姓名）_____ 职务_____］
委托代理人：（姓名）_____ 电话_____
被申请人：（名称）_____
行政复议请求：_____
事实和理由：_____

此致

（行政复议机关名称）_____

附件：（1）申请书副本_____份；
　　　（2）申请人身份证明材料复印件；
　　　（3）其他有关材料_____份；
　　　（4）授权委托书（有委托代理人的）。

　　　　　　　　　　　　　　申请人（签名或者盖章）：_____
　　　　　　　　　　　　　　（申请行政复议的日期）____年____月____日

4．提交复议申请书、授权委托书及其他材料

（四）查阅被申请人的答复及向复议机关提交的证据资料、评价证据资料、补充提交代理意见

代理人领取受理通知书后，复议机关会在立案后 7 日内通知被申请人，被申请人应当自收到复议机关的立案通知后 10 日内提交证据、依据材料及书面答复。代理人应当保持与复议机关通畅的沟通关系，并自复议机关收到被申请人答复后申请查阅有关资料。在查阅被申请人向复议机关提交的答复及证据资料时，可以采取拍照的方式复制、记录。

查阅工作完成后，代理人可以根据被申请人的答复意见补充提交一版代理意见。

注意：代理人的第一版代理意见实际上是融合在申请书中的。补充代理意见的核心内容有二，一是针对被申请人的答复部分进一步予以反击，二是对被申请人提供的证据资料进行合法性、真实性和关联性的评价。

对被申请人提交的证据资料进行分析、评价的逻辑思路如下：

1. 合法性评价

合法性评价包括证据是否具有合法的种类、来源、形式和获取方式。

2. 真实性评价

真实性评价包括证据是否杜撰或捏造，证据是否存在部分被掩盖或其他客观原因导致的不全面等问题，证据是否被篡改，证据是否留存有原件，复制件、复制品是否与原件、原物相符，提供证据的主体或者证人与行政复议参加人是否具有利害关系等。

3. 关联性评价

关联性评价包括证据是否是基本事实的一种客观反映，证据与基本事实的关联性如何体现（直接相关、间接相关、必然相关、偶然相关、正面相关、反面相关、单因素相关、重合相关），证据与基本事实的关联性程度如何（过于间接、十分微弱、强相关）。

注意：代理意见应当在复议审理期限届满前尽早提交。

（五）其他可以实施的工作

1. 对税收文件提出附带性审查要求

代理人可以在提交复议申请时一并提出附带性审查税收文件，可以提起的对象不包括规章及级次以上的法律文本，只能包括：

（1）国家税务总局和国务院其他部门的规定；

（2）其他各级税务机关的规定；

（3）地方各级人民政府的规定；

（4）地方人民政府工作部门的规定。

复议机关应当在 30 日内审查被提请的规定，无权审查的，应当在 7 日内移送有权处理的行政机关审查，移送后的审查期限为 60 日，在附带性审查期间，中止对具体行政行为的审查。

2. 申请停止具体行政行为的执行

代理人可以向复议机关申请停止执行。停止执行的决定由复议机关决定，申请人可以

向复议机关提出停止请求,并提出充分合理的理由。

3. 申请听证

4. 进一步提交证据材料、提供代理意见

5. 申请调解与和解

税务行政复议的基本流程如图 10-2 所示。

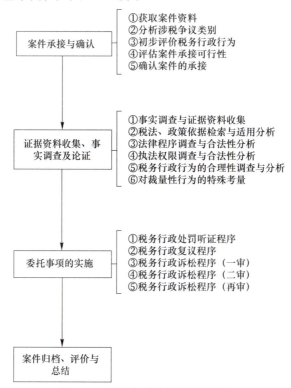

图 10-2 税务行政复议的基本流程

项目十一

现代税务咨询——税收筹划

知识目标

○ 了解税收筹划相关知识
○ 熟悉税收筹划的方法
○ 掌握税收筹划的整体思路
○ 掌握税收筹划的具体流程

技能目标

◇ 能正确理解税收筹划的概念
◇ 能进行恰当的税收筹划

税收筹划

素质目标

1. 培养学生爱岗敬业,提高工作技能的意识;
2. 厚植学生在后疫情时代下,树立远大理想,为中华民族伟大复兴贡献自己力量的爱国情怀。

思维导图

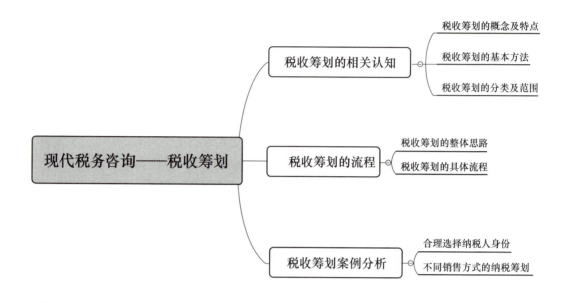

案例导入

祥云空气净化有限责任公司是生产环保产品甲产品的生产企业，2016年实现销售收入100多万元。由于该产品竞争激烈，再加上税收负担较高，企业处于微利状态。企业负责人王经理总觉得自己税缴得太多，不正常。经对企业2016年度的纳税情况进行全面检查，发现企业当年销售甲产品100万元，而缴纳的增值税却有8.5万元，增值税的税收负担率高达8.5%，比同行业要高出2个百分点。祥云空气净化有限责任公司找到会计事务代理机构，想通过合理的税收筹划，降低税负。那么究竟什么是税收筹划？应如何进行税收筹划？

任务一 税收筹划的相关认知

一、税收筹划的概念及特点

税收筹划目前尚无权威性的定义，但一般的理解是，税收筹划指的是在税法规定的范围内，通过对经营、投资、理财活动的事先筹划和安排，尽可能地取得"节税"的税收利益，其要点在于"三性"：合法性、筹划性和目的性。

合法性表示税收筹划只能在法律许可的范畴内进行，违反法律规定逃避税收负担是偷税行为，必须加以反对和制止。税务师为纳税人进行税收筹划时必须以法律为界限，不能为纳税人的违法意图而做决策，周密考虑每项计划及其实施过程，不能超越法律的规范。纳税人若实施了违法的筹划方案，不仅不能得到预期的利益，而且可能被认为是偷税行为，会对纳税人正常的生产经营活动产生不利的影响。

筹划性表示税收筹划必须事先规划、设计安排。在经济活动中，纳税义务通常滞后于应税行为，如交易行为发生之后才缴纳增值税或消费税；收益实现或分配后才缴纳所得税；财产取得之后才缴纳财产税；等等。这在客观上提供了纳税人在纳税之前事先做出筹划的可能性。不同的纳税人和不同的征税对象，税法规定的待遇不同，这在另一方面向纳税人显示出可选择低税负决策的机会。如果经营活动已发生，应纳税额已经确定，却想方设法寻找少缴税款的途径，这样的"方法"不能认为是税收筹划。

目的性表明税收筹划有明确的目的——取得"节税"的税收利益。节税即节约税收的支付，无论是当前需缴纳的税收还是以后需承担的税负，税收的支付尽可能达到最小。税收筹划的目标是获得税收利益，然而税收筹划不能只局限于个别税种税负的高低，而应着重考虑整体税负的轻重，因为纳税人的经营目标是获得最大总收益，这就要求他的整体税负最低。在考虑整体税负的同时还要着眼于生产经营业务的扩展，即使缴纳税收的绝对额增加了，甚至税负也提高了，但从长远来看，资本回收率能增长，也是可取的。理想的税收筹划应是总体收益最多，并非纳税最少。

二、税收筹划的基本方法

税收筹划的基本方法是：对纳税人各种经营投资、理财等活动应纳税的情况进行分析比较，在不受其他条件制约的情况下，选择税收负担较轻的方案。因此，税收筹划的核心是减轻税收负担，即选择合适的经营活动方式，以使当期或以后的应纳税额减少，实现直接或间接减轻税收负担的目的。

可以降低税收负担的税收筹划方法，主要有以下几种：

（一）不予征税方法

不予征税方法是指选择国家税收法律、法规或政策规定不予征税的经营、投资、理财等活动的方案以减轻税收负担的方法。

每一种税都规定有明确的税收征税范围，相对于具体税种而言，只对纳入征税范围的经营行为、所得或财产征税，对于没有纳入征税范围的则不予征税，纳税人可以在对照税收政策、权衡各方面利益的前提下，对经营、投资、理财活动做出事前安排，在多种备选方案中选择不予征税的方案。如我国现行税收政策规定，在不动产出售、出租和投资等方案中，从土地增值税不予征税角度考虑，可以选择出租或投资方案。

不予征税的技术是相对于具体税种而言的，在具体运用中，会出现两种情况：一是不予征某种税同时应征类似的税种；二是不予征收某税同时也不征收类似税，如前述的以不动产或无形资产对外投资共担风险参与利润分配的，按我国现行的税收政策规定，既不征收营业税，也不征收增值税。

（二）减免税方法

减免税方法是指选择国家税收法律、法规或政策规定的可以享受减税或免税优惠的经营、投资、理财等活动方案，以减轻税收负担的方法。许多税种国家在规定征税的具体政策的同时，对于特殊的经营活动或纳税人，通过减免税优惠政策做出照顾或鼓励的政策规定，纳税人可以对照国家减免税的优惠政策条件，事前对其经营、投资、理财等活动进行安排，以求符合条件，办理相应的报批或备案手续，享受减税或免税。

（三）税率差异方法

税率差异方法是指根据国家税收法律、法规或政策规定的税率差异，选择税率较低的经营、投资、理财等活动的方案，以减轻税收负担的方法。

在我国，有的税种是国家根据地区、行业、经济成分、所得项目、企业类型的不同，规定有差异的税率，也有的税种国家规定的是幅度税率，由各地根据情况做出具体税率的规定，这就使不同的经营、投资、理财情况在税率运用上会出现差异，纳税人可以对照政策规定在多种方案中进行选择，以适用较低的税率。如《企业所得税法》规定国家需要重点扶持的高新技术企业，按15%的税率征收企业所得税；城镇土地使用税对不同的区域规定高低不等的适用税额。正是由于这一税率差异，纳税人应在权衡各种利益的前提下，对投资区域、投资行业、经营方式等做出筹划，以适用相应的低税率。

（四）分割方法

分割方法是指根据国家税收法律、法规或政策规定，选择能使计税依据进行分割的经营、投资、理财等活动的方案，以实现不同税负、税种的计税依据相分离；或是分解为不同纳税人或征税对象，增大不同计税依据扣除的额度或频度；或是防止税率的爬升等效果。

（五）扣除方法

扣除方法是指依据国家税收法律、法规或政策规定，使经营、投资、理财等活动的计税依据中尽量增多可以扣除的项目或金额，以减轻税收政策负担的方法。一般来说，所得税都是以纳税人收入或所得额做必要扣除后作为计税依据的，即使是以收入为计税依据的流转税，也规定有不少项目可以在计税依据中扣除。纳税人应在发生费用或支出时，对费用的项目性质、支付方式及票据使用等方面，事前做出安排，以求符合政策规定，在计税前扣除。

（六）抵免方法

抵免方法是指依据国家税收法律、法规或政策规定，使经营、投资、理财等活动的已纳税额或相应支出，在其应纳税额中予以抵扣，以减轻税收负担的方法。

已纳税额或支出的抵免可以直接减少纳税人应纳税额，可以避免重复征税或引导纳税人经营、投资、理财等活动。在我国规定的境外所得已纳所得税额的抵免，企业购置用于环境保护、节能节水、安全生产等专用设备的投资额，可以按10%的比例抵免企业所得税额，外购货物的增值税进项税额抵免增值税销项税额等，都是纳税人考虑的税收筹划方面。纳税人可以根据自身的经营情况，对照政策规定，事前做出安排，以抵免方法减轻税收负担。

（七）延期纳税方法

延期纳税方法是指依据国家税收法律、法规或政策规定，将经营、投资、理财等活动的当期应纳税额延期缴纳，以实现相对减轻税收负担的方法。

延期纳税虽然不能减少纳税人的应纳税额，但对纳税人而言，纳税期的推后，相当于获得一笔政府的无息贷款，获取货币时间价值，有利于其资金周转。纳税人根据国家税收政策规定，合理安排其经营行为，可以实现延期纳税。如在销售货物中采用分期收款、赊销或代销方式的纳税期要比直接销售的纳税期迟；符合条件的固定资产可以采用加速折旧的办法记入成本和费用等。

（八）退税方法

退税方法是指依据国家税收法律、法规或政策规定，使经营、投资、理财等活动的相关税款得到退还的方法。

出口退税、对"集成电路生产企业、封装企业的再投资退税"都是纳税人可以进行纳税筹划的内容，退税是将自己或相关人已纳税额从国库中直接退出，一般来说，都会对其条件资料、程序、时间和管理方面做严格的规定，纳税人应根据自己经营活动的情况，对政策依据和相关条件，事前做出安排，以顺利享受到退税政策。

税收筹划是一项综合性的、复杂的工作，涉及面广、难度大，在运用税收筹划方法时，应充分考虑具体情况和政策规定，各种税收筹划方法也不是彼此孤立和矛盾的，有时应相互配合、综合运用。同时，随着税收筹划的层次深入和领域的拓宽，还将会有新的、科学的税收筹划技术的发展和运用。

三、税收筹划的分类及范围

（一）税收筹划的分类

（1）按地域范围来划分，税收筹划可分为国内税收筹划和国际税收筹划。国内税收筹划是指纳税人在本国税收法规下对其国内经营活动的税收筹划；国际税收筹划是指跨国纳税人从事跨国活动时的税收筹划。

（2）按纳税人来划分，税收筹划可分为个人或家庭税收筹划及企业税收筹划。由于企业是一国税收收入的主要来源，税收对企业活动的影响也最大，因此企业税收筹划是税收筹划的主要领域，尤其是企业所得税筹划。

（3）按税种来划分，税收筹划可分为所得税筹划、流转税筹划、财产税筹划等。

（二）税收筹划的范围

税收筹划本质上是一个方法论体系，其涉及范围很广，在我国主要是就企业税收进行筹划。

1. 新建企业的税收筹划

（1）企业组织形式的选择。经营者在组建企业时，可以有多种组建形式，选择一个适当的形式是经营者首先要做出的决策，当然决定企业组建形式的因素很多，如资金、股东多寡、雇用工人数量等，但未来该企业的税收待遇也是其中一个重要的因素。企业组织形式不外有三类：有限责任制、合伙制和股份制。企业这三种形式在税收待遇上是不同的，选择什么样的组建形式是税收筹划的一个重要内容。

（2）经营地点、行业的选择。国家为了贯彻其宏观产业政策，要对在特定地区、从事特定行业的企业给予税收优惠，这种税收优惠就成为企业进行税收筹划确定经营地点、经营行为的重要依据。

（3）企业会计方法的选择。企业进行税收筹划的基本原则为缩小税基、降低税率和递延税款。企业财会人员只要掌握一定的税收法规知识，就可以通过选择适当的会计方法达到递延税款的目的。例如，折旧方法、存货计价方法的选择等。

2. 企业扩展的税收筹划

（1）分公司与子公司选择。企业为进一步壮大实力，拓展自己的经营范围，提高自己的竞争力，就需要组建新的分公司或子公司，这时就面临是组建子公司还是分公司的决策。分公司和子公司在税收待遇上不一样，分公司和总公司在法律上同是法人实体，分公司实现的盈亏要同总公司合并缴税；而子公司则为一个独立法人，要单独纳税。一般而言，新扩建企业经营初期若亏损，则以办分公司有利；之后若盈利，则以子公司为好，特别是子公司若在国外，利润不汇入母公司则可以不必合并纳税，可以获得递延纳税的好处。

（2）企业重组的税收筹划。所谓企业重组，是指企业经营发展到一定时期，原有组织形式已制约了其进一步扩展，要改变原有组织形式，重组时，税收是必须考虑的一个因素。

3. 企业在融资、投资及利润分配过程中的税收筹划

（1）企业资本结构的税收筹划。企业从事经营活动所需资金主要可通过债权和股权两种形式筹集，债权和股权两种筹资方式在税收待遇上不同。债权的利息费用可在税前扣除，得到利息抵税的优待；但向股东发放的股利则只能从企业税后留利中分配，从税收筹划角度，利用债权筹资越多越好，但债务过大，会增加企业经营风险，因此，企业资本结构决策中要进行税收筹划。

（2）股利决策的税收筹划。在企业股利政策理论中，有一种税负差异理论，按这种理论，股份制企业最好不发放任何一种股利，而通过股票价格升高来间接地增加股东财富。因为发放股利，股息要缴个人所得税。由此可见，企业在选择股利政策时也要进行税收筹划。

任务二 税收筹划的流程

 一、税收筹划的整体思路

税收筹划的目标就是节税，合理合法地节税。税有很多种，所以这个目标又可以按税种分解为几个细分的目标。虽然不同行业涉及的主要税种不同，但有三个税种是很重要的，它们分别是增值税、企业所得税和个人所得税。在多数行业，这三个税种所能挖掘出的筹划空间一般占到了总空间的90%以上。

增值税涉及的主要业务是销售和采购，企业所得税则涉及企业的几乎所有业务，个人所得税涉及的主要是人力资源。我们可以看到，要想把这三个税种背后的筹划空间充分调动出来，就需要对企业业务的方方面面进行认识和调整。

企业是一个牵一发而动全身的整体，如果我们仅仅在局部进行税务筹划，不仅不能充分利用所有的筹划空间，还可能制造出口径不一的漏洞，有意无意中制造出会被税务稽查人员发现的把柄。

 二、税收筹划的具体流程

（一）税收筹划基本流程

如何进行税收筹划一直是困扰大部分财务人员的瓶颈所在，其实做好税收筹划是有一套相对固定的流程的：

1. 做架构

设计合理的公司架构是进行税收筹划的第一步。

2. 建关联

所有的税收筹划大部分是通过关联企业间不同的税收待遇划分来实现的。

3. 做分析

对公司的生产经营流程及功能风险进行合理分析是税收筹划的正确前提。

4. 看流程

结合公司的功能风险分析设计公司合理的票据、物资、资金流动是企业税收筹划的关键所在。

5. 设交易

如何将企业的所有业务通过关联企业交易实现税收利益的合理分配。

6. 定方法

企业关联交易的定价原则和定价方法是税务机关和企业的重点关注所在。

7. 完内控

完善企业内控是税收筹划及防范财税风险的根本保障。

8．控风险

建立风险识别、风险防范及风险补救措施是企业税收筹划要牢记的重要原则。

9．少纳税

通过合理的税收筹划实现纳税成本最小化是企业税收筹划的终极目标。

（二）工作程序

由于各类企业委托进行税收筹划的内容不一，因此，税务师从事税收筹划也没有统一的程序，但总体上大同小异。基本可分为九个步骤：

客户提出要求→谈判→组织力量→初步调查→提出建议书→签订合同→开始工作→中间报告→最终报告。

（三）业务洽谈模式

税收筹划作为一项高层次的咨询业务，税务师在业务洽谈过程中应遵循一定的模式。这一模式包含从客户委托到会计代理接受委托的全过程（见图11-1）。

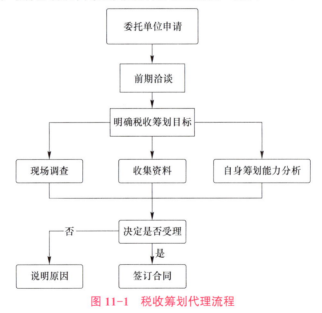

图11-1　税收筹划代理流程

任务三　税收筹划案例分析

美国政治家本杰明·富兰克林曾说：“世界上只有两件事情不可避免：一是死亡，二是税收。”虽然税收不可避免，但我们可以在法律允许的情况下，以合法的手段和方式减少缴纳税款。

项目十一　现代税务咨询——税收筹划

一、税收筹划案例——合理选择纳税人身份

【案例资料】

小型企业生存难，纳税身份可筹划

北京京华物流有限公司是一家小型运输企业，拥有3辆大型货车，主要从事公路货物运输业务。根据公司老板张华的测算，该公司在正常情况下一年的业务收入约为450万元（不含税）。如果申请作为一般纳税人经营，人工成本、支付给房东个人的房租，以及部分管理费用等将无法取得增值税专用发票；能够用于增值税进项税额扣除的主要成本和费用项目是货运车辆修理费、汽油费等，约占销售额的20%；办公用品、停车场租赁费、物业费、水电费等其他杂费，每年可以取得3 000元左右的可抵扣进项税额发票。

根据我国税收法规，纳税人超过年应税销售额标准500万元的，必须申请为一般纳税人；销售额在标准线以下的，如果会计核算制度健全，能提供准确税务资料的，可以申请为一般纳税人。因此，对于这些企业而言，就存在一个身份选择的问题。

现在张华想咨询的问题是：对于这样的小型企业，是申请认定为增值税一般纳税人好，还是以小规模纳税人的身份经营好呢？

【税款计算】

（1）作为一般纳税人经营：

公路货物运输企业按交通运输业适用9%的增值税税率，货运车辆修理费、汽油费适用13%的增值税税率，其余杂费的进项税额共计3 000元。

$$应纳增值税 = 450 \times 9\% - 450 \times 20\% \times 13\% - 0.3 = 28.5（万元）$$
$$税收负担率 = 28.5 \div 450 \times 100\% = 6.33\%$$

（2）作为小规模纳税人经营：

$$应纳增值税 = 450 \times 3\% = 13.5（万元）$$
$$税收负担率 = 13.5 \div 450 \times 100\% = 3\%$$

【筹划结论】

从纳税的角度来讲，作为一般纳税人的税负率高于小规模纳税人，因此张华的企业作为小规模纳税人经营比较合适。

二、税收筹划案例——不同销售方式的纳税筹划

【案例资料】

商品促销手段多，恰当选择可节税

北京兴华商场位于某繁华商业街，为增值税一般纳税人，经营男女中高档服装、箱包、护肤品、化妆品等。考虑目前实体店受网络零售冲击较大，为了提升销售业绩，商场决定在2021年国庆期间开展一次力度较大的促销活动。商场管理层经过讨论，提出以下三种促销方案：

方案1：所有商品打9折促销。

方案2：消费者每购买商品满2 000元，返还现金200元。

方案3：消费者每购买2 000元商品，赠送价值200元的商品，赠送购入成本为120元。

方案提出之后，在拍板决定选择哪个方案时，市场部、商品部、财务部等各抒己见，彼此互不相让，最终未达成一致。公司请税务事务所的税务师协助进行税费测算。

经过测算，商场毛利率为40%，即销售2 000元商品的购入成本平均为1 200元（两者均为含税价）。购入的商品均可取得增值税专用发票，可以从销项税额中抵扣。如果以2 000元为测算单位，仅考虑增值税一个税种，那么商场该选择哪种方案呢？

【税款计算】

（1）方案1打折促销，具体又分为两种情况：

若销售额和折扣额开在同一张发票上，则按照折扣后的销售额计算销项税额：

应纳增值税＝［2 000×0.9÷（1＋13%）］×13%－［1 200÷（1＋13%）］×13%＝69.03（元）

若折扣额开在另一张发票上，则不得从销售额中扣除折扣额，须全额计算销项税额：

应纳增值税＝［2 000÷（1＋13%）］×13%－［1 200÷（1＋13%）］×13%＝92.04（元）

（2）方案2中返还的200元现金作为销售费用处理，对增值税没有影响。

（3）方案3中赠送的商品应视同销售，计算并缴纳增值税：

应纳增值税＝［2 000÷（1＋13%）］×13%－［1 200÷（1＋13%）］×13%＋［200÷（1＋13%）］×13%－［120÷（1＋13%）］×13%＝101.24（元）

【筹划结论】

仅就缴纳增值税而言，采用打折促销并且将销售额和折扣额开在同一张发票上缴纳的增值税税额最低。企业在选择方案时，还应当考虑附加税、企业所得税等其他税种，从而做出最佳决策。

项目十二

财务共享新趋势

知识目标

○ 了解财务共享的新趋势，在把握财务共享新趋势的基础上，进行知识体系的更新，提高自身核心竞争力

技能目标

◇ 能了解当下财务发展的新趋势，并不断充实自身技能

素质目标

1. 树立与时俱进、创新发展的意识，通过积极转型，拥抱数字经济时代。

思维导图

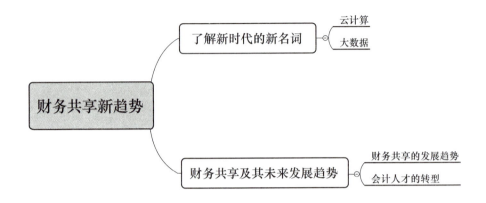

案例导入

一个关于"云"的故事

你如果是一个财务人员或者是一个业务人员,可能经常会面对一大堆的票据进行整理、审核并报销。但是随着"云计算"的广泛应用,尤其是应用在报销这件事情上,会给你带来意想不到的轻松体验。故事是这样的:

M公司的业务遍布国内各省市,同时延伸到海外市场。该公司的人员出差频繁,每年会产生大量的差旅费用,为了提升差旅服务质量,合理控制差旅费用,这个公司采用了浪潮的差旅云。大家可能会问,这朵云是干什么的?我们一起来了解一下吧。

浪潮的差旅云为公司提供出差申请、在线比价、差旅政策费用预算控制等服务。差旅云对接了携程、12306、滴滴、神州、国航、东航、南航、山航等多家消费平台,通过差旅政策管理将该公司的住宿标准、交通工具使用标准、出差补助等规范预制到系统中,员工在预订的时候直接看到的就是符合自身标准的酒店和交通工具,这提高了规范性、准确性和便利性。

另外,浪潮协助该公司一起与供应商谈判,有效地降低了采购成本。在费用处理和结算的过程中,浪潮公有云也提供了非常大的便利系统,自动提供对账功能,供应商汇总开票,每月成千上万的出租车票、火车票、机票、住宿发票,由于统一结算票据的数量大幅减少。还有,浪潮公有云与主流的财务核算系统能够方便地对接,将各种审核校验过的票据直接转入生成凭证,大大减轻了工作压力,提高了工作效率。

其实,这朵云不仅能帮助我们减轻工作量,也为我们轻松成为在家办公的soho一族提供了技术支持,云财务的推行,对"代账"这件事,影响巨大,只要我们登录云端,即可享受在家办公的轻松体验。

项目十二　财务共享新趋势

一、了解新时代的新名词

科学技术是第一生产力，科技创新改变世界，在这瞬息万变的时代洪流中，了解技术前沿，发掘企业变革的奥秘，探索未知科技发展对企业管理和商业模式的影响，是每个企业必须要做的。

今天，越来越多的管理者意识到，IT是推进企业进行进化升级的重要驱动力，提到新一代IT，人们首先想到的是云计算、大数据、物联网、移动社交、区块链、人工智能。其中，云计算是基础，大数据是中心，在云与数构建的信息化时代中，企业应当与科技变革保持统一步伐，充分利用新IT实现企业自身的数字化转型。对于年轻一代的财务工作者更是如此，要充分利用新的技术变革，推动自身财务服务的转型，通过业务与财务的深度融合，不断提高自身创新工作的能力。

（一）云计算

亚马逊云服务是全球市场份额最大的云计算厂商，由光环新网运营，像微软Azure由世纪互联运营一样，可以在中国监管环境下运营公有云。2016年8月1日，全球市场份额最大的云计算厂商"亚马逊云服务"（AWS）结束两年多的内测，在中国展开商用。接受中国的监管，数据留在中国，也成为云服务的领头羊。

那到底什么是"云"呢？其实就是一种虚拟的资源平台，简单来说，云服务可以将企业所需的软硬件、资料都放到网络上，在任何时间、地点，使用不同的IT设备互相连接，实现数据存取、运算等目的。当前，常见的云服务有公共云（Public Cloud）与私有云（Private Cloud）两种。公共云是最基础的服务，多个客户可共享一个服务提供商的系统资源，他们无须架设任何设备及配备管理人员，便可享有专业的IT服务，这对于一般创业者、中小企业来说，无疑是一个降低成本的好方法。而大企业出于对信息的保护，则更倾向于架设私有云。

我国现在已经有很多企业有了属于自己的云平台，无论是蒙牛这种传统企业还是小红书等新型技术企业，都在积极建设属于企业的云资产，这种虚拟的资源平台，能够将企业的信息进行多维度的集成，从而更好地为决策提供有用信息。

（二）大数据

1. "微信"推送的思考

大家可能经常会发现一个很神奇的事情，如果你是学生，你经常会浏览一些关于考试的新闻，或者比较关心时事，你的微信上就会出现你所关注的信息推送；如果你是一位职场妈妈，除了自己的工作还会花一些时间在网上为孩子购置纸尿裤、幼教书籍，浏览一些早教机构信息等，可不久你就会发现，你的微信上会出现纸尿裤品牌或者是早教机构等信息的推送，如此精准的广告推广之所以能够实现，就是依赖于大数据的支持，海量的信息已经形成匹配，现代信息技术的使用，让我们每个人都活得十分透明。

2. 爱奇艺的迅速发展

爱奇艺是国内领先的视频网站，自2010年4月22日正式上线以来，爱奇艺秉承"悦享品质"的宗旨，坚持"让人们平等便捷地获得更多、更好的视频"的企业愿景，积极推动产品、技术、内容、营销等全方位创新，为用户提供更丰富、高清、流畅的专业视频服务。

截至目前，爱奇艺构建了涵盖电影、电视剧、综艺、动漫、纪录片等十余种类型的国内首家正版视频内容库，高清流畅的视频体验成为行业标杆。《延禧攻略》《奇葩说》等电视剧和综艺，想必是年轻一代都比较喜欢的作品，"爱奇艺出品"战略更让网络自制节目进入真正意义上的全类别、高品质时代。而爱奇艺的迅速崛起，离不开其先进的"云+端"模式的布局，在业内率先启动了"一云多屏、多屏合一"的无线战略，实施全平台的登录布局，全面覆盖电视端、PC 端、手机端、PAD 端，满足用户多屏观看的体验需求。也正是基于云平台提供的大数据，爱奇艺能够十分准确地定位客户需求，及时向客户推送其感兴趣的或是一些比较新鲜的信息，在稳定客户的基础上，还能积极开发新客户，发展势头强劲。

二、财务共享及其未来发展趋势

进入云计算、大数据时代，财务的管理模式和工作重点发生了很大变化。以管控服务型的财务共享和管理会计为代表，通过流程的变革、职能的转型、专业化的分工，财务管理进入了共享服务的新时代。提到共享，不难理解，就是共同享有或者共同分享的意思，这个大家应该不陌生吧，红极一时的 OFO 小黄车，还有被腾讯接手的摩拜单车，包括现下问题频出的网约车，滴滴、神州、优步、大昌、曹操等，最近又出现了一批新能源共享汽车，停放在大街小巷……看到这些生活中常见的甚至是常用的交通工具，结合自身生活经验，不难理解什么是"共享"。

共享经济的到来，让服务更加专业化和标准化，以前的司机可能是某一个单位的司机，但是现在他可以是滴滴公司的司机，一辆车可以由所有有需求的人用，前面的人下车后会有另外的人被系统派送过来，车子的使用基本上不会间断，这样共享资源和服务的同时，节约了各方成本，提高了资源的利用率，其实是一件好事情，只不过这种新的经济形式，还需要更加规范的法律进行约束，也依赖于国民素质的提高。弄清楚"共享"，那么财务共享就好理解了。

（一）财务共享的发展趋势

财务共享，以大量的财务共享中心建立为依托，很多大中型企业都开始建设财务共享中心，最近两年财务共享呈爆炸式增长，管控服务型财务共享模式已经盛行，财务共享的未来发展也将至少出现四大趋势：财务共享服务的智能化，财务共享中心建设的虚拟化，财务共享服务的一体化及财务共享服务的全球化。

1. 我们会被机器人所替代吗

2017 年，德勤研发的财务机器人"小勤人"问世，它真的名副其实，勤快得很。它的功能也很强大，一起来看看它都会干些什么吧，看完之后，你再判断自己会不会被它所替代。

财务机器人，能够替代财务流程中的手工操作，管理和监控自动化财务流程，录入信息，合并数据并汇总统计，根据既定的业务逻辑进行判断，识别财务流程中的优化点，专票管理和纳税申报、往来结转和盘点开票等。看来只要是不涉及人工动脑分析思考的，一旦有流程、有逻辑，机器人都可以替代。这也从另一个角度告诉了我们一个道理，要想不被财务机器人所替代，就需要向财务分析、内部控制等方向转型。

2. 财务众包，一台手机或电脑，随时随地办公

众包，众，多人也。是指企业通过互联网平台把本应由企业内部员工和外部合作伙伴完成的任务分包给网络大众群体去完成，比如阳光财务保险，在众包方面做得十分精致。它将原本需要由其工作人员完成的原始票据整理工作对外实行众包，可以由合作的高校学生或者其他非企业员工，以较低的计件酬劳，多劳多得、少劳少得来完成，只要设定好一些票据分类的原则，有些基础的大众还是可以很轻松就将任务完成的。

众包模式中对于承担企业内部某些工作的网络大众是没有清晰界定的，他们并不见得是该行业或领域的专业人员，基本上是利用闲暇时间从事互联网众包活动的。在参与众包模式的过程中网络大众是主动的，他们可以决定是否参与、怎么参与，已经不再是过去被动接受产品和服务的消费者。如果说劳动分工理论上把一个复杂的业务处理变成了流程化分环节作业的模式，那么众包这种模式就是进一步将工作进行细化，这时传统模式下的一项由单人完成的工作可能需要由几个动作组合起来完成，在众包模式下更会追求极致的动作分解，甚至将各种流程中的任何一个动作都进行最为机器制的任务颗粒分解去完成。

众包以互联网为媒介，只要众包商拥有一台电脑或手机，就可以不受空间和时间的限制，一年365天，一天24小时，随时随地为财务共享中心提供核算服务，并且所有环节都在网上进行，企业不需要为这些众包商提供固定的办公场所，这无疑又节省了一大笔费用。

3. 云代账，将办公室搬至云端

财务的共享模式让我们感叹技术神奇的同时，也为人类的智慧所折服。如果是大型集团公司，在财务众包的阶段，大部分基础财务工作无须由公司人员完成，本公司高薪聘请的人员可以做更多其他高级层次的设计。如果是小微企业，则要考虑成本效益的问题，众包可能就不适合他们，而如果把财务外包给代理记账公司，通过云平台进行业务与财务的对接，实现业务与财务的融合，既可以节省固定资产的占用，也可以提高核算的效率，降低企业的核算成本。

4. 财务共享中心全球化，未来已来

未来的财务核算，一定是基于云平台的技术，将业务与财务进行深度融合的，通过业务与财务的信息对接，才能做出正确的决策。到底要不要全球化，除了受时代、环境的约束，更多的是取决于企业自身的发展需要。如果是跨国公司，比如华为、中兴通讯等，应该建立全球化的财务共享中心，而如果就是一些中小微企业，业务相对简单，也没有跨国合作，信息的集成就可以依托代账公司，省时省力又省钱。

事项法会计

（二）会计人才的转型

财务人才的转型已经迫在眉睫。通过专业的教学计划和课程体系，培养符合新财务时代要求的人才，是对目前各大高校和培训机构的新要求。在财务共享领域，相关认证体系也在不断发展。目前我国已经开始与美国管理会计师协会合作，每年在我国都会有CMA（注册管理会计师）的考试，考点是固定的，分为中文考点和英文考点，考试科目和题型也较客观，如果想要在会计这条路上越走越好，一定要及时转型，当然，也可以依托于考证来推动你主动去把握一些管理会计的知识和技能。

参考文献

［1］全国税务师职业资格考试教材编写组．涉税服务实务［M］．北京：中国税务出版社，2018．

［2］荣红霞．税务代理实务［M］．北京：北京交通大学出版社，2018．

［3］梁文涛．纳税筹划［M］．北京：北京交通大学出版社，2018．

［4］法律出版社法规中心．中华人民共和国社会保险法注释本［M］．北京：法律出版社，2018．

附录一　代理记账从业人员规范

目　录

第一章　总　则
第二章　职业素养
第三章　从业培训
第四章　同业关系
第五章　客户关系
第六章　内部监督
第七章　附　则

第一章　总　则

第一条　为了规范代理记账机构业务行为，严格贯彻执行国家有关财经法规和会计核算准则、制度，加强代理记账机构业务的日常管理，依据国家相关法规、制度和《代理记账管理办法》以及《代理记账基本规范》，制定本规范。

第二条　本规范适用于代理记账机构从事的代理记账业务及其相关业务活动。

第三条　本规范所指业务包括与代理记账业务有关的各项内容，包括：业务承接、业务处理、业务资料及档案管理、诉讼及争议处理、质量控制、风险控制、信息化建设等。

代理记账机构从事以上业务活动应遵循本规范的规定。

第二章　业务承接

第四条　代理记账机构在承接委托业务前，应安排从业人员调查委托单位的会计核算状况及现实需求。在了解和调查的基础上对业务风险进行充分评估，作出是否接受委托的决定。具体工作内容包括：

（一）了解客户基本情况、接受客户咨询。
（二）评估该委托业务的风险。
（三）填写《委托业务信息登记表》。
（四）商谈委托代理费用金额及支付方式。

（五）收集客户基本资料。包括但不限于以下资料：营业执照、公司章程、出资证明、经营场所使用证明（房租合同或房地产证）、法人代表及股东身份证、其他合同及文件等相关资料的复印件。

第五条 代理记账机构在承接委托业务时，应与委托单位在协商的基础上签订《委托代理记账合同》或《委托代理记账协议书》。《委托代理记账合同》或《委托代理记账协议书》除应具有法律法规规定的内容，如：业务范围、双方权力与义务、服务期限及服务费用、服务费用支付方式、争议解决办法等基本条款外，还应包含以下内容：

（一）双方对会计资料真实性、完整性各自应当承担的责任；
（二）会计资料的传递程序和签收手续；
（三）编制和提供会计报表的要求；
（四）会计档案的保管要求；
（五）终止委托合同应当办理的会计业务交接事宜。

代理记账机构在承接委托业务时，除特殊情况外，一般情况下应使用《委托代理记账合同》。

第六条 代理记账机构在开展代理记账业务前，应当对委托单位负责出纳的人员以及其他业务接洽人员进行账前辅导。辅导内容一般包括：

（一）明确客户出纳的岗位责任与工作要求；
（二）明确原始单据的审核要点；
（三）明确原始凭证及资料清单的填写要求；
（四）进行企业内部控制要点提示；
（五）明确业务交接的手续和要求。

第三章　业务处理

第七条 代理记账机构进行会计核算应当遵循会计准则的要求，做到真实、准确、及时、完整，确保会计信息符合客观性、相关性、及时性、明晰性、可比性、重要性、谨慎性和实质重于形式的要求。

第八条 代理记账会计核算业务应当根据委托单位的情况，按照国家会计法律、法规、规章、制度的规定，分别采用相应的会计准则或制度。

（一）中型以上企业依据《企业会计基本准则》和《企业会计具体准则》核算。
（二）小微型企业依据《企业会计基本准则》和《小企业会计准则》核算。但下列三类小企业应执行《企业会计准则》，包括：股票或债券在市场上公开交易的小企业；金融机构或其他具有金融性质的小企业；企业集团内的母公司和子公司。
（三）行政单位依据《政府会计基本准则》和《行政单位会计制度》核算。
（四）事业单位依据《事业单位会计准则》和《事业单位会计制度》核算。
（五）民间非营利组织依据《民间非营利组织会计制度》核算。
（六）农村集体组织依据《村集体经济组织会计制度》核算。
（七）个体工商户依据《个体工商户会计制度》核算。

企业规模应依据工信部联企业〔2011〕300号《中小企业划型标准》的规定确定。

第九条　代理记账机构根据业务承接中掌握的委托单位情况，分析其会计核算的行业特点及要求，根据本规范第八条规定选择、确定该委托单位适用的会计核算方法及会计制度，帮助委托单位确定会计报表的格式、纳税申报的税率及管理报表的格式，形成《项目基本情况表》，并经委托单位确认。

第十条　受托代理记账机构应指定专人，根据委托方提供的原始单据，依据相关会计准则和制度，编制会计凭证，登记总账、明细账和出具财务报表。

采用会计信息系统进行会计核算的，会计软件应符合《企业会计信息化工作规范》（财会〔2013〕20号）及本规范中有关代理记账机构信息化建设的相关规定。

第十一条　代理记账机构应通过从业人员交叉复核或者指定专人复核方式，确保会计核算的正确性。

第十二条　代理记账机构与委托单位之间传递原始单据可采用纸质交接、电子凭证交接两种方式；纸质交接包括直接交接和快递或传递。

原始单据采用纸质直接交接的，交接时需双方签字确认；采用快递方式传递的，接收一方收到后及时告知邮寄方，以保证原始单据的安全性；原始单据采用电子化交接的，由委托方采用高拍仪、扫描仪、手机等电子设备，扫描成电子单据，通过网络传输方式传递至受托方，传输过程中必须保证单据的安全。

第十三条　对于其他资料的交接，双方经办人员应列明资料清单、资料编号，均应按照日常交接资料清单经当面审核后，双方签字确认并签署交接日期。

第十四条　代理记账机构应指定专人负责客户的纳税申报工作，保证纳税申报人员相对稳定。纳税申报人员在申报期结束前，根据当月财务报表、发票汇总表、工资表、合同等原始信息，编制纳税申报表。

采用信息系统自动生成纳税申报表的，纳税申报人员应根据当月财务报表、发票汇总表、工资表、合同等原始信息进行核验。

第十五条　代理记账机构应采取从业人员交叉复核或者指定专人复核方式，由复核人员根据当月财务报表、发票汇总表、工资表、合同等原始信息，复核纳税申报表的正确性，形成最终申报数据，同委托方确认应缴税额。

第十六条　纳税申报人员应根据审核无误的纳税申报表进行纳税申报，按照同委托方确认的应缴税额划交税款；并在划缴后的5日内向委托方反馈当期报税、交税情况，打印保存申报结果，形成申报档案。

第四章　业务档案管理

第十七条　代理记账业务中形成的会计档案，应当遵照《会计档案管理办法》（中华人民共和国财政部 国家档案局令第79号）的规定执行。

第十八条　代理记账机构应当分类建立档案。对每个委托项目均应按照综合类、业务类分别建立两类档案。综合类为委托单位基本层面的资料，如营业执照、组织机构代码证、验资报告、纳税申报等资料。业务类主要是委托单位财务资料，如原始凭证、记账凭

证、银行对账单、会计账册、财务报表以及各种业务表格、交接记录等。

代理记账机构应为每一个委托单位建立客户档案清单，格式可参照《代理记账标准表单》，并可按照实际情况进行必要的调整。

第十九条 综合类档案在业务承接完成后，应当在2日内将承接业务的相关资料移交给综合类档案管理人员，并签署《业务承接确认书》。档案管理人员应在签署《业务承接确认书》后3日内建档。

第二十条 需要委托单位、其他外部单位或者个人提供证明作用的原始凭证和其他会计资料，同时满足下列条件的，可以不提供纸质资料。

（一）具有符合《中华人民共和国电子签名法》的可靠的电子签名的相关资料；

（二）电子签名已经第三方认证，认证符合《中华人民共和国电子签名法》的规定；

（三）所记载的事项属于委托单位重复发生的日常业务；

（四）相关信息可及时在代理记账信息系统中以人类可读形式查询和输出；

（五）代理记账机构对相关数据建立了电子备份制度，能有效防范自然灾害、意外事故和人为破坏的影响；

（六）代理记账机构对电子和纸质会计资料建立了完善的索引体系。

第二十一条 电子档案（包含原始凭证、记账凭证、会计账簿、财务报表等）的输出与打印应按《企业会计信息化工作规范》（财会〔2013〕20号）的规定执行。

对于信息系统生成的会计凭证、账簿和辅助性会计资料，同时满足下列条件的，可以不输出纸质资料：

（一）所记载的事项属于委托单位重复发生的日常业务；

（二）由代理记账信息系统自动生成；

（三）可及时在代理记账信息系统中以人类可读形式查询和输出；

（四）信息系统具有防止相关数据被篡改的有效机制；

（五）对相关数据建立了电子备份制度，能有效防范自然灾害、意外事故和人为破坏的影响；

（六）对电子和纸质会计资料建立了完善的索引体系。

第二十二条 客户提交的纸质档案资料，属于会计核算原始凭证的，由指定的会计核算人员按照《会计基础工作规范》的规定进行整理，于次月纳税申报期结束后5日内移交档案管理员，并办理移交手续。

对于代理记账业务处理形成的纸质会计业务档案资料，应于次月纳税申报期结束后7日内移交业务类档案管理人员，并办理移交手续。

年终结账后，应于次年6月30日前将纸质业务档案移交给客户，填制《会计档案移交清册》，办理移交手续。

纸质业务档案资料包括：

（一）会计凭证，包括原始凭证、记账凭证；

（二）会计账簿，包括总账、明细账、日记账、固定资产卡片及其他辅助性账簿；

（三）财务会计报告，包括月度、季度、半年度、年度财务会计报告；

（四）其他会计资料，包括银行存款余额调节表、银行对账单、纳税申报表、会计档案移交清册、会计档案保管清册、会计档案销毁清册、会计档案鉴定意见书及其他具有保存价值的会计资料。

第二十三条 业务类档案实行按月归档制，在次月 10 日内完成归档。归档时，档案管理人员应当对所接收的业务档案进行验收，双方在《业务档案验收单》上签字确认。

第二十四条 代理记账机构的业务档案管理职能岗位应与业务办理职能岗位分离。

第二十五条 业务类档案管理人员负责业务档案的归档。业务档案的归档包括：档案整理、登记、装订、装盒及入库码放等。

第二十六条 档案管理人员在进行业务资料建档时要注意以下事项：

（一）整理过程中要拆除大头针、订书针等金属物。

（二）材料装帧标准为 A4 纸，材料过小、过窄的，要进行粘贴或托裱。

（三）在进行档案整理时，如发现资料中有很明显的页次混乱、目录填写不完整等问题时，要及时将档案退回验收人员，重新验收。

（四）在整理业务档案的同时应填好《业务档案登记表》。

（五）装订档案前，档案管理人员应在业务人员移交的每册档案基础上，准备封面、卷内备考表和封底，其中封面和封底采用较厚的纸张，卷内备考表放封底之前页；

（六）档案装订后应及时装盒，装盒前应在档案盒封面写清档号和机构名称，档案盒脊部写清档号、报告号等内容，装盒时应尽量将盒装满，节约空间。

第二十七条 档案管理人员接收整理好的业务档案后，在装订过程中如发现业务档案不符合要求，应填写《工作底稿》，将不能归档的原因列出，与业务档案一并退还原业务办理人员。

第二十八条 档案管理人员应定期对已归档的业务档案进行检查清点，及时将清点结果向主管人员汇报。若发现档案毁损、丢失等情况，应填写《业务档案毁损、丢失报告单》，写清楚具体原因，并逐级上报处理。

第二十九条 档案入库存放应依据档案载体选择档案柜架。纸质载体档案宜采用密集架存放；磁性载体档案应选择防磁柜存放，重要磁性载体档案应异地备份。

档案入库前一般应仔细检查。受损的档案应及时修复或补救。对于易损的制成材料和字迹，应采取复制手段加以保护。

第三十条 档案管理的基础设施应符合档案管理的基本要求。

（一）档案柜架应牢固耐用，纸质档案采用密集架，一般应具备防火、防盗、防尘的功能。磁性载体档案需要选择有专用保护功能的柜架。

（二）档案库房应配置温湿度监控设备及灭火器材、防光窗帘等必要的设施。

（三）根据库房管理需要可配置除尘器、消毒柜、去湿机、空气净化器等设备。

（四）配备档案整理工作所需要的装订机、打印机、复印机等设备。

（五）配备信息化管理需要的计算机、服务器、扫描仪、光盘刻录机等设备，以及容灾备份设备、应急电源。

（六）库房应保持干净、整洁，并具备防火、防盗、防光、防有害气体、防尘、防有害生物、防潮、防高温等（八防）防护功能。

（七）库房温、湿度应符合 JGJ 25、GB/T18894 和 DA/T 15 对各类载体档案的保管要求，对库房的温、湿度应进行定期的测量，并填写温、湿度记录。

（八）应定期检查档案库房的设备运转情况，并及时排除隐患。

（九）库藏档案应定期清理核对，做到单物相符。库藏档案发生变化时应记录说明。

（十）做好档案库房安全检查和要害部位检查登记制度。

第三十一条 业务档案属于客户机密，未经批准，不得随意查阅或借阅。如因业务需要确需查阅或借阅档案时，应当填写《业务档案借阅单》，经过指定负责人批准后方可查阅或借阅。

第三十二条 在办理纸质档案借阅时，应注意以下事项：

（一）档案借阅只限正式员工办理借阅手续，实习生、学生不得办理借阅手续。

（二）档案借阅审批单，应由借阅人签字，不得代借。

（三）业务档案的借阅人应及时归还所借档案，借阅时间一般不应超过30个工作日。如确实需要延期，可办理续借手续。借阅档案应采用还旧借新方式，不得长期大量占用档案，以免造成档案的毁损或遗失。

（四）档案借阅人应当保持案卷整洁，不得损坏、涂改、拆页，保证档案的完整和安全。

第三十三条 外单位依据法律法规需调阅档案时，对方单位

需出具书面调阅函和相关法律法规的文件，经质监与技术支持部门审批后由项目所在业务部门指定人员办理借阅手续，限在本单位内进行查阅。属于司法机关（公安、检察、法院、律师）查阅的，还应有代理记账机构指定专人到场方可进行调阅。

如需复印相关底稿、借出代理记账机构办公场所，需单独办理相关申请手续，报主管人员批准。

第三十四条 在归还借阅的档案时，应注意以下事项：

（一）归还档案时，档案管理人员要检查档案的完整性，收回后将借阅单退还借阅人。

（二）归还的档案若出现损坏、涂改、拆页等现象，档案管理人员应要求借阅人恢复原样，必要时填写"业务档案毁损、丢失报告单"，并追究借阅人的责任。

（三）借阅人员若将档案丢失，应填写"业务档案毁损、丢失报告单"，写清楚丢失原因，并逐级上报处理。

（四）档案管理人员在收回档案时，应在《卷内备考表》中进行登记。外部借阅的档案，还应保留书面调阅函及相关借阅批件（贴在备考表处）。

第三十五条 代理记账系统的账套数据应当由负责信息化系统的专业人员实时备份，按数据安全要求进行存储，并按年生成或输出，移交档案管理人员。

档案管理人员应当对电子档案分别编制目录，并刻盘或者异地云端存储。

第三十六条 当从业人员办理离职手续时，档案管理人员应查阅确定其是否存在有欠交业务档案或未归还业务档案的情况。如存在上述情况，档案管理人员应催其及时上交。如已丢失的，按档案丢失程序办理，未查清前，不得办理离职手续。档案清理完毕后，由档案管理人员在员工离职流程表上签字确认。

第三十七条 业务档案保存期届满后按规定需要销毁的，档案管理人员填写《业务档案销毁审批登记单》，并经主要负责人批准后进行销毁。

第三十八条　代理记账机构同委托单位进行会计资料的移交，应严格按照双方签订的协议执行，由双方指定人员，在提前准备的、固定格式《会计档案移交清册》上签字确认。

第三十九条　代理记账机构与委托单位终止委托协议时，所有会计资料全部移交给委托单位，其未了会计事宜按照业务受理协议处理，也可由双方协商处理。

第四十条　交接双方办理移交手续前，必须及时做好以下工作：

（一）已经受理的经济业务尚未填制会计凭证的，应当填制完毕；

（二）尚未登记的账目，应当登记完毕，并在最后一笔余额后加盖经办人员印章；

（三）整理应该移交的各项资料，对未了事项提供书面说明；

（四）编制《会计档案移交清册》，列明应当移交的会计凭证、会计账簿、会计报表、印章、发票、文件、会计软件及密码、会计软件数据磁盘（磁带等）及有关资料、实物及其他会计资料和物品等内容。

第四十一条　代理记账机构业务人员工作交接，移交人员在办理移交时，要按《会计档案移交清册》列示的内容逐项移交，接替人员要逐项核对点收。

（一）会计凭证、会计账簿、会计报表和其他会计资料必须完整无缺。如有短缺，必须查清原因，并在移交清册中注明，由移交人员负责。

（二）各明细账户余额要与总账有关账户余额核对相符；必要时，要抽查个别账户的余额与代理记账单位核对清楚。

（三）移交人员从事会计电算化工作的，要对有关电子数据在实际操作状态下进行交接。

第四十二条　办理交接手续时，必须有监交人负责监交。

从业人员交接，由业务负责人负责监交。会计主管人员移交时，还必须将代理记账业务工作和记账人员的情况，向接替人员详细介绍。对需要移交的遗留问题，应当写出书面材料。

第四十三条　交接完毕后，交接双方和监交人员要在移交注册上签名或者盖章，并应在移交注册上注明：单位名称，交接日期，交接双方和监交人员的职务、姓名，移交清册页数以及需要说明的问题和意见等。

移交清册一般应当填制一式三份，交接双方各执一份，代理记账机构存档一份。

第四十四条　接替人员应当继续使用移交的会计账簿（账套），不得自行另立新账（账套），以保持会计记录的连续性。

第四十五条　移交人员对所移交的会计凭证、会计账簿、会计报表和其他有关资料的合法性、真实性承担法律责任。

第四十六条　代理记账机构从业人员工作调动或者因故离职，必须将本人所经管的会计工作全部移交给接替人员。没有办清交接手续的，不得调动或者离职。

第五章　客户沟通与投诉管理

第四十七条　代理记账机构应当体现"以客户为中心"的服务理念，提高从业人员职业道德水平，增强服务意识和法律意识，提高会计处理质量，优化服务流程，加强业务沟通，努力构建和谐客服关系。

第四十八条 代理记账机构应当创造方便、快捷的沟通条件，开通7天×8小时免费电话或网络沟通渠道，以便保持信息畅通，并应将沟通业务内容做好记录。

第四十九条 代理记账机构应加强对从业人员业务沟通技巧的培训，提高其业务沟通能力，确保形成良好的沟通机制。

第五十条 代理记账信息系统应设置必要的信息反馈功能，将业务承办过程中形成的财务、会计、税务及其他相关信息定期反馈给委托单位。

第五十一条 代理记账机构应当建立畅通、便捷的投诉渠道，向社会公布投诉管理部门、地点、接待时间及其联系方式。有条件的代理记账机构可设立网络投诉平台，并安排专门人员处理、回复投诉。

第五十二条 代理记账机构应当建立与业务质量管理相结合的投诉管理责任制度，健全投诉管理部门与营销、生产、后勤等部门的沟通制度。投诉管理部门应履行以下职责：

（一）统一受理客户投诉；

（二）调查、核实投诉事项，提出处理意见，及时答复投诉人；

（三）定期汇总、分析投诉信息，提出加强与改进工作的意见或建议。

第五十三条 投诉接待人员应当认真听取投诉人意见，核实相关信息，并如实填写《代理记账投诉登记表》，如实记录投诉人反映的情况，投诉人上门投诉的，须经投诉人签字（或盖章）确认。

第五十四条 代理记账机构各分支机构、各部门应当积极配合投诉管理部门开展投诉事项调查、核实、处理工作。

第五十五条 属于下列情形之一的投诉，投诉管理部门应当向投诉人说明情况，告知相关处理规定。

（一）投诉人已就投诉事项向人民法院起诉的；

（二）投诉人已就投诉事项向信访部门反映并作出处理的；

（三）没有明确的投诉对象和具体事实的；

（四）已经依法立案侦查的治安案件、刑事案件；

（五）其他不属于投诉管理部门职权范围的投诉。

第五十六条 对于投诉人采取违法或过激行为的，代理记账机构应当及时采取相应措施并依法向公安机关报告。

第五十七条 代理记账工作人员有权对代理记账管理、服务等各项工作进行内部投诉，提出意见、建议。对员工提出的投诉，代理记账机构负责人及有关部门应当予以重视，并及时处理和反馈。

第五十八条 代理记账机构应当建立健全投诉档案，立卷归档，留档备查。具体内容包括：

（一）投诉人基本信息；

（二）投诉事项及相关证明材料；

（三）调查、处理及反馈情况；

（四）其他与投诉事项有关的材料。

第六章　信息化建设

第五十九条　代理记账机构应根据自身技术力量以及业务需求，全面考察软件的功能、安全性、稳定性、响应速度、可扩展性等要求，采用选择购买、定制开发、购买与开发相结合等方式建立代理记账信息化系统。

第六十条　代理记账信息化系统应当具有以下基本功能：

（一）为会计核算、财务管理、纳税申报直接采集数据；

（二）生成会计凭证、账簿、报表等会计资料；

（三）对会计资料进行转换、输出、分析、利用。

第六十一条　鼓励代理记账机构促进会计信息系统与业务信息系统的一体化，通过业务处理直接驱动会计记账，减少人工操作，提高业务数据与财务数据的一体化，实现业财高度融合，企业内部信息资源共享。一体化信息系统应具备以下功能：

（一）以标准记账及税务申报为核心的财税管理；

（二）以客户营销、合同管理、收款管理及服务管理为核心的 CRM 管理；

（三）以财税信息查询及服务进度推送为核心的协作管理。

第六十二条　代理记账机构可根据实际情况，开展本企业信息系统与银行、供应商、客户等外部单位信息系统的互联，实现外部交易信息的集中自动处理。

第六十三条　代理记账信息化系统应符合以下要求：

（一）安全性。数据安全需要从底层硬件设备、网络设备、操作系统、应用、运维管理等各个层面上保证。

（二）先进性、稳定性。需要采用业界领先的技术，能够满足系统在处理、运算等方面的需求，并且系统能够24小时×7天不间断的稳定工作，保证正常工作的持续、连贯。

（三）开放性、可扩展性。基于主流的网络技术、硬件技术及云计算技术等，便于将来系统、设备的升级；具有强大的系统扩展性能，如计算、存储、I/O 等方面。

（四）高性能和可伸缩性。基于负载均衡与读写分离技术，具有适应代理记账行业业务集中期的并发处理能力以及应对业务高速增长的水平扩容能力。

（五）易管理性。整个系统易于管理、维护和升级。

第六十四条　代理记账信息化系统标准记账功能应符合国家统一会计准则和制度，不得有违背国家统一会计准则和制度的功能设计。

第六十五条　代理记账机构使用信息化系统所产生的电子客户档案、电子会计资料归客户所有，系统供应商应当提供符合国家统一标准的数据接口供客户导出资料，不得以任何理由拒绝客户导出资料的请求。

第六十六条　代理记账信息化系统应记录生成用户操作日志，确保日志的安全、完整，并提供按操作人员、操作时间和操作内容查询日志的功能，并能以简单易懂的形式输出。

第六十七条　代理记账信息化系统应支持流程管理动态设置，允许代理记账机构定义各业务环节操作权限和流转控制节点，以满足不同规模代理记账机构实现业务规范化管理的要求。

第六十八条　代理记账信息化系统应能充分利用移动互联网技术提升小微企业客户服务体验，满足移动终端的应用，可增加在线支付、财税信息查询、服务进度推送及在线沟通等新型服务体验。

第六十九条　代理记账信息化系统应能实现同第三方软件及互联网数据交互能力，包括电子发票、银行流水及税务报表等，以智能化和自动化为导向，提升代理记账机构工作和管理效率，有效降低运营成本。

第七十条　代理记账信息化系统应具备数据分析及挖掘能力，支持代理记账机构充分利用现代信息化技术掌握企业自身运营现状及小微企业数据，以提升财税垂直服务能力或拓展水平增值服务能力。

第七十一条　云服务代理记账信息化系统对于客户档案等关键核心数据，应具备加密存储、软硬件隔离及分权运维等多种技术，严格保证客户资料安全性。

第七十二条　云服务代理记账信息化系统应当能保障企业电子资料安全以及企业会计工作持续进行，应具备标准记账功能的离线应用支持能力。

第七章　业务质量控制

第七十三条　代理记账机构应当建立业务质量控制制度，减少和避免从业风险，确保业务质量符合国家财税相关的法律、法规及制度要求。

第七十四条　代理记账机构从业人员与委托单位存在以下利害关系时，应向其上级声明并实行回避。

（一）曾在委托单位任职，离职后未满两年；

（二）持有委托单位股票、债券或在委托单位有其他经济利益的；

（三）与委托单位的负责人、主管人员、董事或委托事项的当事人有近亲属关系的；

（四）其他或保持独立性应回避的事项。

第七十五条　代理记账机构应当保证其从业人员达到并保持履行其职责所需要的专业胜任能力，以应有的职业谨慎态度执行代理业务。

第七十六条　代理记账机构的业务工作应委派给具有胜任能力的人员担任。在工作委派时应当考虑下列因素：

（一）业务的繁简及复杂程度；

（二）特殊的知识要求；

（三）可供选择委派的人员；

（四）执行工作时间的选择；

（五）人员轮换的连续性和周期；

（六）人员的在职培训机会；

（七）职业道德的回避要求。

第七十七条　代理记账机构应当实行二级复核及三级抽查形式的督导制度。对外出具的业务报告，须经过代理记账机构指定的复核人员复核签字认可。

第七十八条　代理记账机构每年应组织人员抽查业务档案，对抽查中发现的问题，进行归类整理，对一些共性问题经过专业人员的讨论后，确定对质量控制的程序和方法的修改补充意见。对发现的个别问题责成有关人员限时整改。

第七十九条　代理记账机构应当建立业务质量过错责任追究制度，对违反操作规程，出现重大质量责任事故的，应当追究其过错责任。

第八章　业务风险控制

第八十条　代理记账机构在业务承接前均应执行风险评估程序，业务承接人应全面收集委托人的基本信息，并向代理记账机构风险管理人员介绍情况，在评估风险时应当实行回避制度。

第八十一条　代理记账机构应当抽调具有专业胜任能力的人员组成风险管理委员会，作为业务风险控制的最高领导机构。业务风险日常管理由代理记账机构质量监管部门负责。

第八十二条　代理记账机构业务风险通常分为财务代理风险和税务代理风险。

财务代理风险是指会计处理和财务报告存在重大错报的可能性。评估该类风险时应关注客户委托动机和目的是否正当，客户所处的行业地位和社会环境，客户的实际控制人及治理层的身份地位及其对财务法规的态度，客户所处的经济环境、经济效益状况以及未来的发展趋势。

税务代理风险指纳税申报及其他税务代理业务出错的可能性。税务风险通过报告审核与报告报送岗位不兼容方式控制。

第八十三条　业务承接风险评估为高、中、低三种，从业人员专业胜任能力风险分为无胜任能力、有一定胜任能力、完全胜任能力，业务收益风险分为超额收益、一般收益、超低收益。

第八十四条　业务承接风险评估后得出的结论为放弃业务、承接但需重点关注业务、承接业务。

放弃业务的标准：高风险、无专业胜任能力、超低收益、客户缺乏基本诚信等。

承接但需重点关注业务的标准：具备专业胜任能力，风险基本能够控制，客户不缺乏基本诚信，但有重大不确定性事项需持续关注的业务。

第八十五条　凡未严格执行风险管理制度而承接业务或风险评估记录归档不完整的，一经查实，将视具体情况对具体负责人予以如下处罚：责令改正、谈话提醒、通报批评、警告、暂停或收回签字签发权、辞退等。

第九章　附　则

第八十六条　本规范由中国总会计师协会代理记账行业分会负责解释，若遇有国家财税政策变动时，依照国家有关规定执行。

第八十七条　在执行中如遇有本规范未明确的事项，依照国家有关规定执行。

第八十八条　本规范自发布之日起实施。

附录二 代理记账行业基本规范

目 录

第一章 总 则
第二章 业务范围
第三章 业务条件
第四章 从业人员
第五章 业务处理
第六章 保密原则
第七章 内部监督
第八章 附 则

第一章 总 则

第一条 为了进一步规范代理记账业务，拓展代理记账服务领域，提升代理记账工作效率，保障代理记账业务质量，促进代理记账行业的健康发展，根据《中华人民共和国会计法》《代理记账管理办法》《企业会计准则》《企业会计制度》《小企业会计准则》等相关法律法规及制度的规定，制定本规范。

第二条 本规范适用于依法设立的代理记账机构。代理记账机构开展代理记账业务应当遵守本规范。

本规范所称代理记账机构是指依法取得代理记账资格，接受委托单位委托，从事代理记账等业务的中介机构。含总部及其分支机构。

本规范所称委托单位是指委托代理记账机构办理会计业务及其他相关业务的企业、行政事业单位、民间非营利组织等。

第三条 代理记账机构从事代理记账业务应遵循以下原则：

（一）质量优先原则。代理记账机构应当建立完善的质量管理体系，优化过程管理、严格过程控制、实施持续改进，全面提升服务质量。

（二）独立执业原则。代理记账机构从事代理记账业务时，应当保持应有的独立性，独立行使代理权，不受其他部门、单位和个人的干预。

（三）诚实守信原则。代理记账机构开展代理业务应恪守诺言，诚实不欺，不搞不正当竞争，不欺行霸市。对委托单位示意其作不当的会计处理或提供不实的会计资料，以及委托单位其他不符合法律、法规规定的要求予以拒绝。

（四）保护客户权益原则。代理记账机构应妥善保管委托单位的相关会计资料，保障委托单位会计资料的完整性，保护委托单位的商业秘密，努力维护客户的权益不受侵害。

（五）量能承接原则。代理记账机构在承接业务前，应充分了解委托单位的业务内容和业务诉求，评估本机构是否有能力满足委托单位的要求。

第二章　业务范围

第四条　代理记账机构可以接受委托，受托办理委托人的下列基础会计业务：

（一）根据委托人提供的原始凭证和其他资料，按照国家统一的会计准则和制度的规定进行会计核算，包括审核原始凭证、编制记账凭证、登记会计账簿、编制财务会计报告等。

（二）按照委托人的委托，按时对外提供财务会计报告。

（三）按照委托人的委托，及时向税务机关提供相关税务资料，办理纳税申报。

（四）办理委托人委托的其他相关基础会计业务。

第五条　代理记账机构接受委托，可以提供以下增值会计服务：

（一）财务服务。为客户提供财务分析报告、融资、担保、理财等服务。

（二）管理服务。为客户提供营业收入分析报告、费用分析报告，提出管理建议等服务。

（三）税务代理服务。包括开业、变更、注销税务登记；增值税一般纳税人资格认定申请；开具外出经营税收管理证明；开具其他税收证明；减、免、退税申请等服务。

（四）财税咨询服务。包括财税风险的预警及评估，财税管理制度的建立健全，财税处理方案的制定及协助实施等服务。

（五）财税知识与技能培训等服务。

（六）会计档案管理服务。包括会计档案、税务档案及其他资料的管理服务。

第三章　业务条件

第六条　依法设立的代理记账机构，除具备国家《代理记账管理办法》规定的基本条件外，应当满足下列条件：

（一）具有与业务需求相适应的、熟悉国家财经法律法规并具有相应专业知识和实务操作能力的从业人员；

（二）具有健全的管理制度、岗位职责制度、绩效考核制度，制定规范的业务流程；

（三）具备且有效执行的保密规则、业务规则、质量标准、风险控制、责任追究、应急机制等内控制度；

（四）具有符合国家标准、满足代理记账需求和客户服务需要的会计核算软件或者信息化系统。

第七条 代理记账机构利用计算机、网络通信等现代信息技术手段开展会计核算的，其使用的会计信息化系统必须符合《企业会计信息化工作规范》（财会〔2013〕20号）规定的标准。所使用的会计软件至少具备以下功能：

（一）可为会计核算、财务管理直接采集数据；

（二）能自动生成会计凭证、账簿、报表等会计资料；

（三）能对会计资料进行转换、输出、分析、利用。

第四章 从业人员

第八条 代理记账从业人员从事代理记账业务应当符合以下基本要求：

（一）具备会计专业及相关专业中等职业教育以上学历或取得初级会计专业技术资格证书；

（二）熟悉国家法律、法规，具备从事代理记账业务的专业知识和业务能力；

（三）能严格按照国家财经法律法规和统一会计准则、制度进行业务处理，维护国家利益，保护委托单位合法权益；

（四）能合理运用财经知识和财会技能，保持职业谨慎，不擅自处理超出代理职责范围的事项；

（五）能正确解答委托单位提出的有关会计处理原则和具体业务处理方面的问题；

（六）能遵守财政部门有关会计人员继续教育和专业培训的规定，积极参加继续教育培训，不断更新业务知识，提高专业技术水平；

（七）能着力塑造"守法、独立、客观、公正"的职业形象，遵守会计职业道德，确立"诚信为本、操守为重、坚持准则、不做假账"的职业理念，廉洁自律、恪尽守职、勤勉尽责。

第五章 业务处理

第九条 代理记账机构应当根据自身的实际情况，合理设置内设部门，分别完成代理记账及相关业务的各项工作任务。

第十条 代理记账机构应按照《会计法》以及内部控制规范的要求，明确各部门、各岗位工作职责。

第十一条 为保证业务质量，代理记账机构内设部门之间、部门内部的各岗位之间的不相容职务必须分离。

第六章 保密规则

第十二条 代理记账机构应当对受托代理业务中获得的委托单位的商务、财务、技术、产品以及其他相关资料和信息,或其他标明保密的文件或信息的内容保守秘密,未经委托单位书面授权,不得向任何第三方泄露,不得利用其为本单位或他人谋取利益。

第十三条 代理记账机构的从业人员对其工作中知悉的客户秘密,任何情况下均不得对外提供和披露,不得用于与代理记账业务无关的业务,不得为自己或他人谋取不正当的利益。

第十四条 代理记账机构应当建立健全保密制度,明确保密责任,采取切实有效的保密措施。

第十五条 代理记账机构应当与其从业人员签订《保密协议书》。《保密协议书》至少包含保密范围、保密期限、保密责任等基本内容。

第七章 内部监督

第十六条 代理记账机构应当设立内部监督部门,对本机构代理记账业务处理和代理记账人员行为进行日常监督。

第十七条 代理记账机构应制定内部监督管理制度,明确内部监督部门及人员在内部监督中的职责权限,规范内部监督的程序、方法和要求。

第十八条 内部监督部门对监督中发现的问题,应及时向机构负责人汇报,机构负责人应针对具体问题及时做出解决措施和处理决定。

第八章 附 则

第十九条 本规范由中国总会计师协会代理记账行业分会负责解释。执行中若遇有国家财税政策变动时,依照国家有关规定执行。本规范未明确的事项,依照国家有关规定执行。

第二十条 本规范自发布之日起执行。

附录三 代理记账行业业务规范

目 录

第一章 总 则
第二章 业务承接
第三章 业务处理
第四章 业务档案管理
第五章 客户沟通与投诉管理
第六章 信息化建设
第七章 业务质量控制
第八章 业务风险控制
第九章 附 则

第一章 总 则

第一条 为了规范代理记账机构业务行为，严格贯彻执行国家有关财经法规和会计核算准则、制度，加强代理记账机构业务的日常管理，依据国家相关法规、制度和《代理记账管理办法》以及《代理记账基本规范》，制定本规范。

第二条 本规范适用于代理记账机构从事的代理记账业务及其相关业务活动。

第三条 本规范所指业务包括与代理记账业务有关的各项内容，包括：业务承接、业务处理、业务资料及档案管理、诉讼及争议处理、质量控制、风险控制、信息化建设等。

代理记账机构从事以上业务活动应遵循本规范的规定。

第二章 业务承接

第四条 代理记账机构在承接委托业务前，应安排从业人员调查委托单位的会计核算状况及现实需求。在了解和调查的基础上对业务风险进行充分评估，作出是否接受委托的决定。具体工作内容包括：

（一）了解客户基本情况、接受客户咨询。

（二）评估该委托业务的风险。

（三）填写《委托业务信息登记表》。

（四）商谈委托代理费用金额及支付方式。

（五）收集客户基本资料。包括但不限于以下资料：营业执照、公司章程、出资证明、经营场所使用证明（房租合同或房地产证）、法人代表及股东身份证、其他合同及文件等相关资料的复印件。

第五条 代理记账机构在承接委托业务时，应与委托单位在协商的基础上签订《委托代理记账合同》或《委托代理记账协议书》。《委托代理记账合同》或《委托代理记账协议书》除应具有法律法规规定的内容，如：业务范围、双方权力与义务、服务期限及服务费用、服务费用支付方式、争议解决办法等基本条款外，还应包含以下内容：

（一）双方对会计资料真实性、完整性各自应当承担的责任；

（二）会计资料的传递程序和签收手续；

（三）编制和提供会计报表的要求；

（四）会计档案的保管要求；

（五）终止委托合同应当办理的会计业务交接事宜。

代理记账机构在承接委托业务时，除特殊情况外，一般情况下应使用《委托代理记账合同》。

第六条 代理记账机构在开展代理记账业务前，应当对委托单位负责出纳的人员以及其他业务接洽人员进行账前辅导。辅导内容一般包括：

（一）明确客户出纳的岗位责任与工作要求；

（二）明确原始单据的审核要点；

（三）明确原始凭证及资料清单的填写要求；

（四）进行企业内部控制要点提示；

（五）明确业务交接的手续和要求。

第三章 业务处理

第七条 代理记账机构进行会计核算应当遵循会计准则的要求，做到真实、准确、及时、完整，确保会计信息符合客观性、相关性、及时性、明晰性、可比性、重要性、谨慎性和实质重于形式的要求。

第八条 代理记账会计核算业务应当根据委托单位的情况，按照国家会计法律、法规、规章、制度的规定，分别采用相应的会计准则或制度。

（一）中型以上企业依据《企业会计基本准则》和《企业会计具体准则》核算。

（二）小微型企业依据《企业会计基本准则》和《小企业会计准则》核算。但下列三类小企业应执行《企业会计准则》，包括：股票或债券在市场上公开交易的小企业；金融机构或其他具有金融性质的小企业；企业集团内的母公司和子公司。

（三）行政单位依据《政府会计基本准则》和《行政单位会计制度》核算。

（四）事业单位依据《事业单位会计准则》和《事业单位会计制度》核算。

（五）民间非营利组织依据《民间非营利组织会计制度》核算。

（六）农村集体组织依据《村集体经济组织会计制度》核算。

（七）个体工商户依据《个体工商户会计制度》核算。

企业规模应依据工信部联企业〔2011〕300号《中小企业划型标准》的规定确定。

第九条　代理记账机构根据业务承接中掌握的委托单位情况，分析其会计核算的行业特点及要求，根据本规范第八条规定选择、确定该委托单位适用的会计核算方法及会计制度，帮助委托单位确定会计报表的格式、纳税申报的税率及管理报表的格式，形成《项目基本情况表》，并经委托单位确认。

第十条　受托代理记账机构应指定专人，根据委托方提供的原始单据，依据相关会计准则和制度，编制会计凭证，登记总账、明细账和出具财务报表。

采用会计信息系统进行会计核算的，会计软件应符合《企业会计信息化工作规范》（财会〔2013〕20号）及本规范中有关代理记账机构信息化建设的相关规定。

第十一条　代理记账机构应通过从业人员交叉复核或者指定专人复核方式，确保会计核算的正确性。

第十二条　代理记账机构与委托单位之间传递原始单据可采用纸质交接、电子凭证交接两种方式；纸质交接包括直接交接和快递或传递。

原始单据采用纸质直接交接的，交接时需双方签字确认；采用快递方式传递的，接收一方收到后及时告知邮寄方，以保证原始单据的安全性；原始单据采用电子化交接的，由委托方采用高拍仪、扫描仪、手机等电子设备，扫描成电子单据，通过网络传输方式传递至受托方，传输过程中必须保证单据的安全。

第十三条　对于其他资料的交接，双方经办人员应列明资料清单、资料编号，均应按照日常交接资料清单经当面审核后，双方签字确认并签署交接日期。

第十四条　代理记账机构应指定专人负责客户的纳税申报工作，保证纳税申报人员相对稳定。纳税申报人员在申报期结束前，根据当月财务报表、发票汇总表、工资表、合同等原始信息，编制纳税申报表。

采用信息系统自动生成纳税申报表的，纳税申报人员应根据当月财务报表、发票汇总表、工资表、合同等原始信息进行核验。

第十五条　代理记账机构应采取从业人员交叉复核或者指定专人复核方式，由复核人员根据当月财务报表、发票汇总表、工资表、合同等原始信息，复核纳税申报表的正确性，形成最终申报数据，同委托方确认应缴税额。

第十六条　纳税申报人员应根据审核无误的纳税申报表进行纳税申报，按照同委托方确认的应缴税额划交税款；并在划缴后的5日内向委托方反馈当期报税、交税情况，打印保存申报结果，形成申报档案。

第四章　业务档案管理

第十七条　代理记账业务中形成的会计档案，应当遵照《会计档案管理办法》（中华人民共和国财政部 国家档案局令第79号）的规定执行。

第十八条　代理记账机构应当分类建立档案。对每个委托项目均应按照综合类、业务类分别建立两类档案。综合类为委托单位基本层面的资料，如营业执照、组织机构代码证、验资报告、纳税申报等资料。业务类主要是委托单位财务资料，如原始凭证、记账凭证、银行对账单、会计账册、财务报表以及各种业务表格、交接记录等。

代理记账机构应为每一个委托单位建立客户档案清单，格式可参照《代理记账标准表单》，并可按照实际情况进行必要的调整。

第十九条 综合类档案在业务承接完成后，应当在2日内将承接业务的相关资料移交给综合类档案管理人员，并签署《业务承接确认书》。档案管理人员应在签署《业务承接确认书》后3日内建档。

第二十条 需要委托单位、其他外部单位或者个人提供证明作用的原始凭证和其他会计资料，同时满足下列条件的，可以不提供纸质资料。

（一）具有符合《中华人民共和国电子签名法》的可靠的电子签名的相关资料；

（二）电子签名已经第三方认证，认证符合《中华人民共和国电子签名法》的规定；

（三）所记载的事项属于委托单位重复发生的日常业务；

（四）相关信息可及时在代理记账信息系统中以人类可读形式查询和输出；

（五）代理记账机构对相关数据建立了电子备份制度，能有效防范自然灾害、意外事故和人为破坏的影响；

（六）代理记账机构对电子和纸质会计资料建立了完善的索引体系。

第二十一条 电子档案（包含原始凭证、记账凭证、会计账簿、财务报表等）的输出与打印应按《企业会计信息化工作规范》（财会〔2013〕20号）的规定执行。

对于信息系统生成的会计凭证、账簿和辅助性会计资料，同时满足下列条件的，可以不输出纸质资料：

（一）所记载的事项属于委托单位重复发生的日常业务；

（二）由代理记账信息系统自动生成；

（三）可及时在代理记账信息系统中以人类可读形式查询和输出；

（四）信息系统具有防止相关数据被篡改的有效机制；

（五）对相关数据建立了电子备份制度，能有效防范自然灾害、意外事故和人为破坏的影响；

（六）对电子和纸质会计资料建立了完善的索引体系。

第二十二条 客户提交的纸质档案资料，属于会计核算原始凭证的，由指定的会计核算人员按照《会计基础工作规范》的规定进行整理，于次月纳税申报期结束后5日内移交档案管理员，并办理移交手续。

对于代理记账业务处理形成的纸质会计业务档案资料，应于次月纳税申报期结束后7日内移交业务类档案管理人员，并办理移交手续。

年终结账后，应于次年6月30日前将纸质业务档案移交给客户，填制《会计档案移交清册》，办理移交手续。

纸质业务档案资料包括：

（一）会计凭证，包括原始凭证、记账凭证；

（二）会计账簿，包括总账、明细账、日记账、固定资产卡片及其他辅助性账簿；

（三）财务会计报告，包括月度、季度、半年度、年度财务会计报告；

（四）其他会计资料，包括银行存款余额调节表、银行对账单、纳税申报表、会计档案移交清册、会计档案保管清册、会计档案销毁清册、会计档案鉴定意见书及其他具有保存价值的会计资料。

第二十三条 业务类档案实行按月归档制，在次月10日内完成归档。归档时，档案管理人员应当对所接收的业务档案进行验收，双方在《业务档案验收单》上签字确认。

第二十四条 代理记账机构的业务档案管理职能岗位应与业务办理职能岗位分离。

第二十五条 业务类档案管理人员负责业务档案的归档。业务档案的归档包括：档案整理、登记、装订、装盒及入库码放等。

第二十六条 档案管理人员在进行业务资料建档时要注意以下事项：

（一）整理过程中要拆除大头针、订书针等金属物。

（二）材料装帧标准为A4纸，材料过小、过窄的，要进行粘贴或托裱。

（三）在进行档案整理时，如发现资料中有很明显的页次混乱、目录填写不完整等问题时，要及时将档案退回验收人员，重新验收。

（四）在整理业务档案的同时应填好《业务档案登记表》。

（五）装订档案前，档案管理人员应在业务人员移交的每册档案基础上，准备封面、卷内备考表和封底，其中封面和封底采用较厚的纸张，卷内备考表放封底之前页；

（六）档案装订后应及时装盒，装盒前应在档案盒封面写清档号和机构名称，档案盒脊部写清档号、报告号等内容，装盒时应尽量将盒装满，节约空间。

第二十七条 档案管理人员接收整理好的业务档案后，在装订过程中如发现业务档案不符合要求，应填写《工作底稿》，将不能归档的原因列出，与业务档案一并退还原业务办理人员。

第二十八条 档案管理人员应定期对已归档的业务档案进行检查清点，及时将清点结果向主管人员汇报。若发现档案毁损、丢失等情况，应填写《业务档案毁损、丢失报告单》，写清楚具体原因，并逐级上报处理。

第二十九条 档案入库存放应依据档案载体选择档案柜架。纸质载体档案宜采用密集架存放；磁性载体档案应选择防磁柜存放，重要磁性载体档案应异地备份。

档案入库前一般应仔细检查。受损的档案应及时修复或补救。对于易损的制成材料和字迹，应采取复制手段加以保护。

第三十条 档案管理的基础设施应符合档案管理的基本要求。

（一）档案柜架应牢固耐用，纸质档案采用密集架，一般应具备防火、防盗、防尘的功能。磁性载体档案需要选择有专用保护功能的柜架。

（二）档案库房应配置温湿度监控设备及灭火器材、防光窗帘等必要的设施。

（三）根据库房管理需要可配置除尘器、消毒柜、去湿机、空气净化器等设备。

（四）配备档案整理工作所需要的装订机、打印机、复印机等设备。

（五）配备信息化管理需要的计算机、服务器、扫描仪、光盘刻录机等设备，以及容灾备份设备、应急电源。

（六）库房应保持干净、整洁，并具备防火、防盗、防光、防有害气体、防尘、防有害生物、防潮、防高温等（八防）防护功能。

（七）库房温、湿度应符合 JGJ 25、GB/T18894 和 DA/T 15 对各类载体档案的保管要求，对库房的温、湿度应进行定期的测量，并填写温、湿度记录。

（八）应定期检查档案库房的设备运转情况，并及时排除隐患。

（九）库藏档案应定期清理核对，做到单物相符。库藏档案发生变化时应记录说明。

（十）做好档案库房安全检查和要害部位检查登记制度。

第三十一条　业务档案属于客户机密，未经批准，不得随意查阅或借阅。如因业务需要确需查阅或借阅档案时，应当填写《业务档案借阅单》，经过指定负责人批准后方可查阅或借阅。

第三十二条　在办理纸质档案借阅时，应注意以下事项：

（一）档案借阅只限正式员工办理借阅手续，实习生、学生不得办理借阅手续。

（二）档案借阅审批单，应由借阅人签字，不得代借。

（三）业务档案的借阅人应及时归还所借档案，借阅时间一般不应超过30个工作日。如确实需要延期，可办理续借手续。借阅档案应采用还旧借新方式，不得长期大量占用档案，以免造成档案的毁损或遗失。

（四）档案借阅人应当保持案卷整洁，不得损坏、涂改、拆页，保证档案的完整和安全。

第三十三条　外单位依据法律法规需调阅档案时，对方单位需出具书面调阅函和相关法律法规的文件，经质监与技术支持部门审批后由项目所在业务部门指定人员办理借阅手续，限在本单位内进行查阅。属于司法机关（公安、检察、法院、律师）查阅的，还应有代理记账机构指定专人到场方可进行调阅。

如需复印相关底稿、借出代理记账机构办公场所，需单独办理相关申请手续，报主管人员批准。

第三十四条　在归还借阅的档案时，应注意以下事项：

（一）归还档案时，档案管理人员要检查档案的完整性，收回后将借阅单退还借阅人。

（二）归还的档案若出现损坏、涂改、拆页等现象，档案管理人员应要求借阅人恢复原样，必要时填写"业务档案毁损、丢失报告单"，并追究借阅人的责任。

（三）借阅人员若将档案丢失，应填写"业务档案毁损、丢失报告单"，写清楚丢失原因，并逐级上报处理。

（四）档案管理人员在收回档案时，应在《卷内备考表》中进行登记。外部借阅的档案，还应保留书面调阅函及相关借阅批件（贴在备考表处）。

第三十五条　代理记账系统的账套数据应当由负责信息化系统的专业人员实时备份，按数据安全要求进行存储，并按年生成或输出，移交档案管理人员。

档案管理人员应当对电子档案分别编制目录，并刻盘或者异地云端存储。

第三十六条　当从业人员办理离职手续时，档案管理人员应查阅确定其是否存在有欠交业务档案或未归还业务档案的情况。如存在上述情况，档案管理人员应催其及时上交。如已丢失的，按档案丢失程序办理，未查清前，不得办理离职手续。档案清理完毕后，由档案管理人员在员工离职流程表上签字确认。

第三十七条　业务档案保存期届满后按规定需要销毁的，档案管理人员填写《业务档案销毁审批登记单》，并经主要负责人批准后进行销毁。

第三十八条 代理记账机构同委托单位进行会计资料的移交，应严格按照双方签订的协议执行，由双方指定人员，在提前准备的、固定格式《会计档案移交清册》上签字确认。

第三十九条 代理记账机构与委托单位终止委托协议时，所有会计资料全部移交给委托单位，其未了会计事宜按照业务受理协议处理，也可由双方协商处理。

第四十条 交接双方办理移交手续前，必须及时做好以下工作：

（一）已经受理的经济业务尚未填制会计凭证的，应当填制完毕；

（二）尚未登记的账目，应当登记完毕，并在最后一笔余额后加盖经办人员印章；

（三）整理应该移交的各项资料，对未了事项提供书面说明；

（四）编制《会计档案移交清册》，列明应当移交的会计凭证、会计账簿、会计报表、印章、发票、文件、会计软件及密码、会计软件数据磁盘（磁带等）及有关资料、实物及其他会计资料和物品等内容。

第四十一条 代理记账机构业务人员工作交接，移交人员在办理移交时，要按《会计档案移交清册》列示的内容逐项移交，接替人员要逐项核对点收。

（一）会计凭证、会计账簿、会计报表和其他会计资料必须完整无缺。如有短缺，必须查清原因，并在移交清册中注明，由移交人员负责。

（二）各明细账户余额要与总账有关账户余额核对相符；必要时，要抽查个别账户的余额与代理记账单位核对清楚。

（三）移交人员从事会计电算化工作的，要对有关电子数据在实际操作状态下进行交接。

第四十二条 办理交接手续时，必须有监交人负责监交。

从业人员交接，由业务负责人负责监交。会计主管人员移交时，还必须将代理记账业务工作和记账人员的情况，向接替人员详细介绍。对需要移交的遗留问题，应当写出书面材料。

第四十三条 交接完毕后，交接双方和监交人员要在移交注册上签名或者盖章，并应在移交注册上注明：单位名称，交接日期，交接双方和监交人员的职务、姓名，移交清册页数以及需要说明的问题和意见等。

移交清册一般应当填制一式三份，交接双方各执一份，代理记账机构存档一份。

第四十四条 接替人员应当继续使用移交的会计账簿（账套），不得自行另立新账（账套），以保持会计记录的连续性。

第四十五条 移交人员对所移交的会计凭证、会计账簿、会计报表和其他有关资料的合法性、真实性承担法律责任。

第四十六条 代理记账机构从业人员工作调动或者因故离职，必须将本人所经管的会计工作全部移交给接替人员。没有办清交接手续的，不得调动或者离职。

第五章　客户沟通与投诉管理

第四十七条 代理记账机构应当体现"以客户为中心"的服务理念，提高从业人员职业道德水平，增强服务意识和法律意识，提高会计处理质量，优化服务流程，加强业务沟通，努力构建和谐客服关系。

第四十八条 代理记账机构应当创造方便、快捷的沟通条件，开通 7 天 ×8 小时免费电话或网络沟通渠道，以便保持信息畅通，并应将沟通业务内容做好记录。

第四十九条 代理记账机构应加强对从业人员业务沟通技巧的培训，提高其业务沟通能力，确保形成良好的沟通机制。

第五十条 代理记账信息系统应设置必要的信息反馈功能，将业务承办过程中形成的财务、会计、税务及其他相关信息定期反馈给委托单位。

第五十一条 代理记账机构应当建立畅通、便捷的投诉渠道，向社会公布投诉管理部门、地点、接待时间及其联系方式。有条件的代理记账机构可设立网络投诉平台，并安排专门人员处理、回复投诉。

第五十二条 代理记账机构应当建立与业务质量管理相结合的投诉管理责任制度，健全投诉管理部门与营销、生产、后勤等部门的沟通制度。投诉管理部门应履行以下职责：

（一）统一受理客户投诉；

（二）调查、核实投诉事项，提出处理意见，及时答复投诉人；

（三）定期汇总、分析投诉信息，提出加强与改进工作的意见或建议。

第五十三条 投诉接待人员应当认真听取投诉人意见，核实相关信息，并如实填写《代理记账投诉登记表》，如实记录投诉人反映的情况，投诉人上门投诉的，须经投诉人签字（或盖章）确认。

第五十四条 代理记账机构各分支机构、各部门应当积极配合投诉管理部门开展投诉事项调查、核实、处理工作。

第五十五条 属于下列情形之一的投诉，投诉管理部门应当向投诉人说明情况，告知相关处理规定。

（一）投诉人已就投诉事项向人民法院起诉的；

（二）投诉人已就投诉事项向信访部门反映并作出处理的；

（三）没有明确的投诉对象和具体事实的；

（四）已经依法立案侦查的治安案件、刑事案件；

（五）其他不属于投诉管理部门职权范围的投诉。

第五十六条 对于投诉人采取违法或过激行为的，代理记账机构应当及时采取相应措施并依法向公安机关报告。

第五十七条 代理记账工作人员有权对代理记账管理、服务等各项工作进行内部投诉，提出意见、建议。对员工提出的投诉，代理记账机构负责人及有关部门应当予以重视，并及时处理和反馈。

第五十八条 代理记账机构应当建立健全投诉档案，立卷归档，留档备查。具体内容包括：

（一）投诉人基本信息；

（二）投诉事项及相关证明材料；

（三）调查、处理及反馈情况；

（四）其他与投诉事项有关的材料。

第六章　信息化建设

第五十九条　代理记账机构应根据自身技术力量以及业务需求，全面考察软件的功能、安全性、稳定性、响应速度、可扩展性等要求，采用选择购买、定制开发、购买与开发相结合等方式建立代理记账信息化系统。

第六十条　代理记账信息化系统应当具有以下基本功能：

（一）为会计核算、财务管理、纳税申报直接采集数据；

（二）生成会计凭证、账簿、报表等会计资料；

（三）对会计资料进行转换、输出、分析、利用。

第六十一条　鼓励代理记账机构促进会计信息系统与业务信息系统的一体化，通过业务处理直接驱动会计记账，减少人工操作，提高业务数据与财务数据的一体化，实现业财高度融合，企业内部信息资源共享。一体化信息系统应具备以下功能：

（一）以标准记账及税务申报为核心的财税管理；

（二）以客户营销、合同管理、收款管理及服务管理为核心的 CRM 管理；

（三）以财税信息查询及服务进度推送为核心的协作管理。

第六十二条　代理记账机构可根据实际情况，开展本企业信息系统与银行、供应商、客户等外部单位信息系统的互联，实现外部交易信息的集中自动处理。

第六十三条　代理记账信息化系统应符合以下要求：

（一）安全性。数据安全需要从底层硬件设备、网络设备、操作系统、应用、运维管理等各个层面上保证。

（二）先进性、稳定性。需要采用业界领先的技术，能够满足系统在处理、运算等方面的需求，并且系统能够 24 小时 ×7 天不间断的稳定工作，保证正常工作的持续、连贯性。

（三）开放性、可扩展性。基于主流的网络技术、硬件技术及云计算技术等，便于将来系统、设备的升级；具有强大的系统扩展性能，如计算、存储、I/O 等方面。

（四）高性能和可伸缩性。基于负载均衡与读写分离技术，具有适应代理记账行业业务集中期的并发处理能力以及应对业务高速增长的水平扩容能力。

（五）易管理性。整个系统易于管理、维护和升级。

第六十四条　代理记账信息化系统标准记账功能应符合国家统一会计准则和制度，不得有违背国家统一会计准则和制度的功能设计。

第六十五条　代理记账机构使用信息化系统所产生的电子客户档案、电子会计资料归客户所有，系统供应商应当提供符合国家统一标准的数据接口供客户导出资料，不得以任何理由拒绝客户导出资料的请求。

第六十六条　代理记账信息化系统应记录生成用户操作日志，确保日志的安全、完整，并提供按操作人员、操作时间和操作内容查询日志的功能，并能以简单易懂的形式输出。

第六十七条　代理记账信息化系统应支持流程管理动态设置，允许代理记账机构定义各业务环节操作权限和流转控制节点，以满足不同规模代理记账机构实现业务规范化管理的要求。

第六十八条　代理记账信息化系统应能充分利用移动互联网技术提升小微企业客户服务体验，满足移动终端的应用，可增加在线支付、财税信息查询、服务进度推送及在线沟通等新型服务体验。

第六十九条　代理记账信息化系统应能实现同第三方软件及互联网数据交互能力，包括电子发票、银行流水及税务报表等，以智能化和自动化为导向，提升代理记账机构工作和管理效率，有效降低运营成本。

第七十条　代理记账信息化系统应具备数据分析及挖掘能力，支持代理记账机构充分利用现代信息化技术掌握企业自身运营现状及小微企业数据，以提升财税垂直服务能力或拓展水平增值服务能力。

第七十一条　云服务代理记账信息化系统对于客户档案等关键核心数据，应具备加密存储、软硬件隔离及分权运维等多种技术，严格保证客户资料安全性。

第七十二条　云服务代理记账信息化系统应当能保障企业电子资料安全以及企业会计工作持续进行，应具备标准记账功能的离线应用支持能力。

第七章　业务质量控制

第七十三条　代理记账机构应当建立业务质量控制制度，减少和避免从业风险，确保业务质量符合国家财税相关的法律、法规及制度要求。

第七十四条　代理记账机构从业人员与委托单位存在以下利害关系时，应向其上级声明并实行回避。

（一）曾在委托单位任职，离职后未满两年；

（二）持有委托单位股票、债券或在委托单位有其他经济利益的；

（三）与委托单位的负责人、主管人员、董事或委托事项的当事人有近亲属关系的；

（四）其他或保持独立性应回避的事项。

第七十五条　代理记账机构应当保证其从业人员达到并保持履行其职责所需要的专业胜任能力，以应有的职业谨慎态度执行代理业务。

第七十六条　代理记账机构的业务工作应委派给具有胜任能力的人员担任。在工作委派时应当考虑下列因素：

（一）业务的繁简及复杂程度；

（二）特殊的知识要求；

（三）可供选择委派的人员；

（四）执行工作时间的选择；

（五）人员轮换的连续性和周期；

（六）人员的在职培训机会；

（七）职业道德的回避要求。

第七十七条　代理记账机构应当实行二级复核及三级抽查形式的督导制度。对外出具的业务报告，须经过代理记账机构指定的复核人员复核签字认可。

第七十八条　代理记账机构每年应组织人员抽查业务档案，对抽查中发现的问题，进行归类整理，对一些共性问题经过专业人员的讨论后，确定对质量控制的程序和方法的修改补充意见。对发现的个别问题责成有关人员限时整改。

第七十九条　代理记账机构应当建立业务质量过错责任追究制度，对违反操作规程，出现重大质量责任事故的，应当追究其过错责任。

第八章　业务风险控制

第八十条　代理记账机构在业务承接前均应执行风险评估程序，业务承接人应全面收集委托人的基本信息，并向代理记账机构风险管理人员介绍情况，在评估风险时应当实行回避制度。

第八十一条　代理记账机构应当抽调具有专业胜任能力的人员组成风险管理委员会，作为业务风险控制的最高领导机构。业务风险日常管理由代理记账机构质量监管部门负责。

第八十二条　代理记账机构业务风险通常分为财务代理风险和税务代理风险。

财务代理风险是指会计处理和财务报告存在重大错报的可能性。评估该类风险时应关注客户委托动机和目的是否正当，客户所处的行业地位和社会环境，客户的实际控制人及治理层的身份地位及其对财务法规的态度，客户所处的经济环境、经济效益状况以及未来的发展趋势。

税务代理风险指纳税申报及其他税务代理业务出错的可能性。税务风险通过报告审核与报告报送岗位不兼容方式控制。

第八十三条　业务承接风险评估为高、中、低三种，从业人员专业胜任能力风险分为无胜任能力、有一定胜任能力、完全胜任能力，业务收益风险分为超额收益、一般收益、超低收益。

第八十四条　业务承接风险评估后得出的结论为放弃业务、承接但需重点关注业务、承接业务。

放弃业务的标准：高风险、无专业胜任能力、超低收益、客户缺乏基本诚信等。

承接但需重点关注业务的标准：具备专业胜任能力，风险基本能够控制，客户不缺乏基本诚信，但有重大不确定性事项需持续关注的业务。

第八十五条　凡未严格执行风险管理制度而承接业务或风险评估记录归档不完整的，一经查实，将视具体情况对具体负责人予以如下处罚：责令改正、谈话提醒、通报批评、警告、暂停或收回签字签发权、辞退等。

第九章　附　则

第八十六条　本规范由中国总会计师协会代理记账行业分会负责解释，若遇有国家财税政策变动时，依照国家有关规定执行。

第八十七条　在执行中如遇有本规范未明确的事项，依照国家有关规定执行。

第八十八条　本规范自发布之日起实施。